部活動学

子どもが主体の
よりよいクラブをつくる24の視点

監修／神谷 拓
関西大学人間健康学部 教授

目次
CONTENTS

装丁デザイン　後藤明弘
編集　森永祐子

《 巻頭対談 》

上原浩治

（元プロ野球選手）

「生徒が自分たちで強くなる部活動」の
実現をめざすために、
選手たちはどのように取り組み、
そして指導者はどのように関わって
いくのがよいのだろうか。
日米球界で活躍し、
2019年に惜しまれつつ現役から退いた
上原浩治さんは、中学から大学まで部活動に所属し、
自分の頭で考え、それを実行して成績を挙げることを
大切にしてきた一人。
本書監修者の神谷拓先生とともに、
日本の部活動の在り方について、
意見を交わした。

神谷 拓

（関西大学
人間健康学部 教授）

「大事なのは試合の勝敗ではなく、そのスポーツが大好きであること」

「自ら取り組む野球」には大きな伸びしろがある

神谷　上原さんは、中学時代は野球部がなかったことから陸上部に入り、地元の少年野球チームに所属されました。そして東海大学付属仰星高校、大阪体育大学では野球部でプレーされています。特に大学時代は学生が自分たちで課題を解決していたそうですね。

上原　チームには専門の指導者がいませんでしたからね。体育大学ということもあり、指導者やトレーナーになることを目指して学びに来ている学生がいましたから、学生主体でチームを運営していくベースがうまくできていたのではないかと思います。

神谷　1年先輩でトレーニングコーチを務めていた塚本洋さん（現・中日ドラゴンズコンディショニングコーチ）とディスカッションをしながら、日々の練習を構築されていったというエピソードが印象に残っています。

上原　僕自身は、とにかくチームを強くしたい一心でした。大学4年間打ち込んだら野球は終わり、という選手ばかりでしたから、限られた時間のなかでどうすれば皆がやる気を出してくれるのかをよく考えていましたね。「自ら取り組む野球」には大きな伸びしろがあるのですが、「やらされる野球」の伸びしろは限られます。ところが、年代やレベルに限らず、多くのチームで実際に行われているのは後者だと感じています。

神谷　上原さんは、高校時代は走り込みが嫌いだったけれども、大学に入ってからは自ら取り組むようになったと聞いたことがあります。どうすれば強くなれるのかと考えたときに、走り込みの必要性を感じられたということでしょうか。

上原　そうですね。今振り返ってみても、大学時代は野球が楽しかった記憶しかありません。それは自分たちで考えて実践していたからだと思います。現在もチームを率いている中野和彦監督は、いい意味で放任主義でした。ほぼすべてのことを学生コーチと選手が相談して決めていました。学生コーチや選手が社会人チームのキャンプに参加させてもらったり、プロチームのキャンプに見学へ行ったりして、そこでいいと思った練習法やトレーニング法をチームに還元することもありました。

神谷　あとは大学時代に遠投の大切さを感じて、プロになってからも続けていらしたということも聞きました。

上原　そもそも、学生時代からあまりブルペンに入ることがありませんでした。それよりも、全力では投げませんが、バッティングピッチャーとして誰かに打ってもらうほうが僕はよかったんです。バッターも僕が投げるということで喜んで打席に入ってくれましたし、お互いにとってプラスになっていました。

神谷　上原さんは、自著のなかで「自主練は自分を知るため、確認するために必要」とおっしゃっ

うえはら・こうじ／1975年4月3日、大阪府生まれ。東海大仰星高校時代は外野手兼控え投手。1年の浪人を経て大阪体育大学に入学し、頭角を現す。98年、ドラフト1位で読売ジャイアンツに入団。1年目に20勝4敗で最多勝、最優秀防御率、最多奪三振、最高勝率の投手4冠を達成し、新人王と沢村賞も受賞した。2004年アテネ・オリンピック銅メダル。06年にはWBC日本代表に選ばれ、初代王座の獲得に貢献した。08年にFA宣言でメジャー挑戦を表明し、ボルチモア・オリオールズと契約。11年途中にテキサス・レンジャーズへ移籍し、アメリカン・リーグで優勝した。FAとなった12年オフに、ボストン・レッドソックスと契約し、13年にはクローザーとしてワールドシリーズ制覇に貢献、リーグチャンピオンシップではMVPに輝いた。シカゴ・カブスを経て、18年に日本球界復帰。読売ジャイアンツでプレーし、19年5月20日に引退した。

ています。

上原　シーズンオフのトレーニングを誰かと一緒にやるのがあまり好きではなく、なるべく1人で行っていました。ウオーミングアップをしながら、「今日はどれだけ走ろうか」「どういうトレーニングをしようか」と考えていましたね。僕は下半身のケガが多かったこともあり、下半身をしっかり鍛えて身体を思い通りに動かせるようになる必要があると感じていたので、自主練というと走ることが中心でした。

地道にトレーニングを積み重ねる選手の息は長い

神谷　自分で考え、実践した上で、いいと実感するからこそ、納得して続けることができるのですね。それはとても大切なことだと思います。２００９年から9シーズンにわたり、メジャーリーグでも活躍されましたが、日米の指導者の対比として、メジャーリーグの指導者はあまり教え込まないと聞きました。その代わり、選手のことをよく観察し、必要な助言を必要なタイミングでできるように準備しているそうですね。

上原　日本では、監督やコーチのほうから選手に声を掛けるケースが多いのですが、メジャーリーグでは、選手が質問や相談をしない限り、指導者からあれこれ指導されることはありません。けれども、こちらが相談すると、それに対する答えをきちんともっているのです。

神谷　選手のほうから来るのを待てる辛抱強さは、日本の指導者にはなかなかない部分かもしれません。

上原　プロはそれでもいいかもしれませんが、子どもたちは「監督やコーチの言葉は絶対」と受け止めるものです。「それは違います」と言う子はまずいません。だからこそ特に小・中の指導者は、社会人やプロ以上に重責を担う立場にあると思います。

神谷　上原さんのご子息も、野球をしているそうですね。

上原　以前はアイスホッケーもやっていたのですが、自らの意志で野球一本に絞りました。息子のチーム

かみや・たく／1975年、埼玉県生まれ。中京大学体育学部武道学科卒業。和歌山大学教育学研究科教科教育専攻修了。筑波大学人間総合科学研究科学校教育学専攻修了。岐阜経済大学経営学部専任講師、同准教授、宮城教育大学教育学部准教授を経て、2019年4月から現職。日本部活動学会会長、日本体育科教育学会理事（2020年5月現在）。著書に『運動部活動の教育学入門』（大修館書店）、『生徒が自分たちで強くなる部活動指導』（明治図書）がある。

の指導を見て気づくのは、たとえアウトになっても「いいスイングだったよ」「次はきっと打てるぞ」などと前向きな声を掛けることです。何か指摘するときでも、まずは子どものやる気が出るようなポジティブな言葉を掛けた上で「でもね…」と切り出します。それも「ああしろ、こうしろ」と決めつけて指摘するのではなく、「こうしたほうがよかったんじゃないかとコーチは思うよ」というような感じです。

神谷　上っ面の褒め言葉ではなく、できたことをきちんと認めて褒めるようにしようと思ったら、選手をしっかり観察していなければなりません。

上原　その点でいうと、日本の高校野球は、部員が100人を超えるようなチームが少なくありませんが、監督1人で、あるいはプラス数名のコーチで、それだけの選手に本当に目を配ることができるのか、というのはありますよね。3年間頑張っても公式戦に出場する機会を得られない選手がたくさんいるわけで、本当にそれでいいのかなと思います。

神谷　アメリカではシーズン制で複数の競技に取り組むシステムがあります。学生時代に複数の競技に取り組んだメジャーリーガーは多いのでしょうか。

上原　ほとんどの選手が野球一本ではなかったはずです。学生時代にアメリカンフットボールと野球をやっていて、その両方でプロのドラフトにかかるような選手もいます。日本にも複数のスポーツをやる環境があっていいと感じます。小・中くらいまでは、いろいろなスポーツをやったほうがいいと僕は思いますね。

神谷　シーズン制が日本の部活動にうまく当てはまらない理由の1つとして、競技成績が進学に直結する部分があると考えられます。

上原　野球の才能に秀でていれば、高校や大学に入ることができるというのは日本特有ですよね。アメリカでは勉強で一定以上の成績を収めないと、クラブに参加させてもらえません。

神谷　上原さんは、「たとえいい結果や成績を残したとしても、それに振り回されてはダメ」「結果が振るわなくても、プロセスが充実していた年があった」と過去にお話ししていました。

上原　結果は確かに大事です。プロに関していえば結果がすべてであり、プロセスを見る人はほとんどいません。けれども、「自分がどう納得するか」も結果と同じくらい大事です。僕自身、本当に充実したトレーニングを積んで「これでいける」と思って臨んだシーズンがありました。たとえそれで結果が出なかったとしても、僕にとっては充実した年であることに間違いはないのです。だからこそ「結果がすべて」といわれることには、どこか釈然としない部分があります。必死になって練習に取り組まなくても結果を残す選手がいるのは事実ですが、そういう選手は絶対に長続きしません。結果が出ているときも、出ていないときも、地道にトレーニングを積み重ねる選手のほうが息は長い、それは断言できます。

一番重要なのは、そのスポーツが好きかどうか

神谷　上原さんはプロセスを言葉にされている印象があります。ブログなどからもそれを感じます。また、小学生の頃からノートをつけていたそうですね。

上原　きっかけははっきりとは覚えていないのですが、練習内容や試合結果と一緒に、そのときの気持ちを書き留めていました。プロになってからも続けました。ノートは、いいときも悪いときも、そのときの気持ちがどうだったか、どういう練習をしていたのかが読み返せばわかります。将来的に指導者になることがあれば、自分の指導する選手が悩んでいるときに、適切な声を掛けられるのではないか、そう思って続けていました。

神谷　記録や自分の心情を綴って振り返るというアプローチ法がある一方で、本をよく読んだり、いろいろな方のお話を伺ったりしているとも聞きました。書物や人に聞いた話から学びを得ることもあるのでしょうか。

上原　もちろんあります。例を1つ挙げるなら、先発を務めていた時代に、工藤公康さん（現・福岡ソフトバンクホークス監督）に球種を増やしたいと相談したところ、「今もっているボールを磨いたほうがいい」と言っていただき、それからはストレートとフォークを磨くことに専念しました。

僕が中継ぎや抑えとしても活躍できたのは、工藤さんの一言があったからだと思っています。

神谷 しかしながら、「言われたことは絶対」とそのすべてを受け止めてしまい、その結果、自分にとって本当に必要なことを取捨選択できないという選手が多くいると思います。

上原 僕は、自分にとって不要だと思ったことは、右から左に流していました(笑)。大切なのは、いろいろな意見を聞いたり、アドバイスを受けたりしても、最終的な責任は自分にあると知ることです。「言われた通りにやったのに負けた」と、助言してくれた人のせいにできるわけではありません。そのことを理解できれば、自分に必要と思ったことだけをやったほうが、後悔がないはずです。そのあたりは指導者と選手との関係性もあるので、若い世代だと難しいかもしれませんが、少なくとも大学生になれば、自分で考えられるようになると思います。

神谷 本書は、中学生や高校生でも自分たちで考えて部活動を遂行していけないかということを主題としているのですが、そのためにはどうすればよいでしょうか。

上原 負けたら終わりのトーナメント方式や、スポーツ推薦制度を否定するつもりはありません。しかしそれらが勝利至上主義に陥りかねないリスクをはらんでいたり、学生にとって本分であるはずの学業がおろそかになっても、スポーツにさえ真剣に取り組んでいればいいというような状況を生んだりする可能性があることは、理解しなければならないと思います。

神谷 競技成績に特化した評価方法が問題を生む可能性は否定できません。また、そうした現状のせいで、野球であれば球数制限の導入について思うように浸透しないなど、生産的でない議論が展開されることがあります。上原さんも現代の高校生の投げすぎを心配される一方で、高校時代に投げ込んでいたからこそ土台をつくり上げることができたとご自身について振り返っています。中・高の指導者は、まさにそのような葛藤のなかにあるのだろうと推測します。

上原　難しい問題ですね…。ケガをしないようにどれだけ気をつけても、そのための仕組みづくりをしたとしても、ケガをゼロにできない部分は事実としてあります。どれだけ投げ込んでもケガをしない人はしないいし、投げ込まなくてもケガをする人はするものです。そう考えると、正解はないというのが実際のところではないかと思います。だからこそ、自分の身体を自分でよく理解しておくことが大切ではないでしょうか。

神谷　自分のことをわかっていないから、言われたことを何でも鵜呑みにしてしまうし、無理もしてしまうのでしょう。選手が自分たちで考えて取り組むことが、やはり大きな意味をもちそうですね。

上原　あとは、指導者が選手の異変に気づけることも大事だと思います。僕個人としては、選手の「やりたい」という思いを大事にしたいのですが、逆に高校生くらいまでは「できません」「無理です」とは言い出しにくい部分があると思います。そこを指導者が敏感に汲み取れるといいですよね。どういう判断をしたとしても、選手に後悔だけは背負ってほしくありません。終わった後に「よかっ

た」と思えるような選択をしてほしいです。

神谷　指導者を目指している、あるいは部活動に励んでいる子どもたちに対し、本書ではいろいろな分野の専門家が「自分たちで課題を解決していくことが、アスリートとして強くなるということであり、成長にもつながる」と語っています。自分で考えて解決することの大切さについて、上原さんからもメッセージをいただけますでしょうか。

上原　一番重要なのは、そのスポーツが好きかどうかです。好きなら絶対に自分で考えますし、自ら行動に移すはずだからです。今自分が取り組んでいるスポーツが好きか嫌いかくらいは、小学生でも答えられます。「好き」と答えたならば、「いろいろなことをやってごらん」と声を掛けるだけで大丈夫です。大切なのは「嫌い」あるいは「好きじゃない」と答えた子がいたときに、指導者がその気持ちをいかにして「好き」に変えられてあげられるかです。ネガティブな感情がある限り、その子はなかなか伸びていきませんから。スポーツである以上、勝ち負けはついて回ります。勝つ喜びや負ける悔しさを味わうことは絶対的に必要ですが、まずはそのスポーツをするのも見るのも大好きという子どもたちが増えてほしいと切に願っています。

神谷 拓

関西大学人間健康学部 教授

▼1時限目 スポーツ教育学

運動部活動の主人公は子どもである

授業を始めるにあたって

これから運動部活動の授業を始めます！　さまざまな先生が登場する、全部で24回の長丁場の授業ですが、やさしく、かみ砕いて教えてくれるので、安心してください。

まずは、この授業を始めるに至った背景と問題意識について、お話ししておきたいと思います。

２０１２年12月。大阪・桜宮高校の生徒が、部活動顧問からの暴力を背景に自殺するという痛ましい事件が起こりました。この事件を受けて、運動部活動やスポーツに関わる団体が声明を出し、暴力の根絶を誓いました。

日本体育学会は、さまざまな分野の代表者からなる「体罰・暴力根絶特別委員会」を設置し、同学会の機関誌『体育学研究』(電子版・２０１５年)において、「体罰・暴力根絶のための提案」をまとめました[1]。このような形で、分野を超えてメッセージが出されたことは画期的でした。

また、それ以降は運動部活動に関わる書物が刊行されるようになり、徐々に学術的なまなざしが向けられるようになってきました。さらに、このような動向を受けて、宮城教育大学や大阪体育大学では運動部活動指導に関わる講義が計画、実施されました[2]。

私は、このような動向に身を置いてきた当事者の1人ですが、「これで議論は十分なのだろうか」と、少し不安が残っています。なぜならこれまでの議論には、以下に見る2つの観点が欠けているように思えるからです。

1つ目は、「運動部活動は何のためにあるのか」という点について、必ずしも十分なコンセンサスが得られていないことです。

先述した日本体育学会の体罰・暴力根絶特別委員会による提案も、「体罰・暴力の根絶」という方向性では一致しているものの、「運動部活動は何を目的とする教育活動なのか」に関しては、分野を超えた議論が十分になされていません。しかし、運動部活動の歴史を振り返ると、この議論は決しておなざりにできないものです。

例えば、運動部活動の過熱化を表現する言葉に「勝利至上主義」があります。スポーツは競争を特質とする文化ですから、勝敗はつきものです。しかし一方で、「勝つこと以外の具体的な教育内容」が不明確だと、いつの間にか勝つことばかりが目的になってしまい、勝敗に至るまでのプロセスが軽視されることがあります。

この問題を解決に導くには、勝利以外の具体的な教育内容を明示し、勝利が「至上」ではない（勝敗だけが目的ではない）状態をつくる必要があります。運動部活動を巡る暴力事件も、このような勝利至上主義の問題と密接に関わってきた歴史がありますから、やはり「運動部活動は何を目的とする教育活動なのか」のコンセンサスを得ることは重要といえるでしょう。

２つ目は、運動部活動に関する議論が、体育・スポーツに関わる人たちだけの「閉じた議論」になりがちだということです。他分野の人たちも、少しずつ議論の輪に加わる状況にありますが、いまだ十分ではありません。

かつて、日本体育学会の会長を務めた山本徳郎氏は、柔道で死亡事故が発生しているにもかかわらず、そのような「影になっている面」を多面的に議論してこなかった、視野の狭い閉鎖的な組織の体質を「体育ムラ」と表現したことがありました[3]。

考えてみれば、冒頭で触れた桜宮高校の事件だけでなく、２０１２年に女子柔道強化選手が指導者の暴力を告発した件や、２００７年に相撲部屋で発生した暴行死の事件など、そのたびに問われてきたのが「組織の閉鎖性」や「視野の狭さ」でした。事実、これまで幾度となく体罰や暴力の問題が指摘され、その都度、体育・スポーツの関係者内で改善策が講じられてきましたが、そのような「閉じた議論」では結局、問題の解決には至りませんでした。

今、求められているのは、体育・スポーツ関係者による議論と、その外にいる人たちの議論とを融合させていくことです。それによって、私たちは閉鎖的な「運動部活動ムラ」から抜け出すことができ、これまでに懸念されてきた問題も解決へと進んでいくはずです。

今回の授業は、この2つの課題に挑戦すべく企画されました。

共通の方針に基づいた〝授業〟を展開する

実際に、これから始める授業では、体育・スポーツ分野の専門家だけでなく、それ以外の分野の専門家にも登場していただき、共通の方針に基づいて話をしてもらいます。その方針とは、「運動部活動は子どもが主人公の自治集団活動である」ということです。

もちろん実際の指導場面では、大人の力を借りることもあるでしょう。しかし原則的には、子どもが自らの力で課題を解決していくことをめざすのです。

スポーツ(sports)の語源を調べると、遊戯や遊びといった意味にたどり着きます。人から強制される遊びは楽しくありません。例えば、かくれんぼをしている子どもに対し、「なぜもっと真剣に隠れないんだ!」と言って殴る大人はいないでしょう。

同様にクラブ(club)の語源を調べると、社交、経費の自弁、自治といった意味にたどり着

表1　雪合戦クラブの立ち上げから大会参加までに必要とされた「自治内容」

❶〈練習・試合〉……みんなで上手くなり、みんなが合理的にプレイできる

○ルール・戦術会議（学習）　○目標・方針・練習計画の決定
○対戦チーム・メンバーの選定　○出場大会の選定
○プレイの撮影・分析　○選手・ポジションの決定

❷〈組織・集団〉……みんなで参加して運営する

○クラブ・チームの名称を決める
○クラブ・チームに必要な人を集める（指導者などの専門的な人材を選ぶ）
○役割分担（代表者・キャプテン、監督、大会申し込み係、審判役、用具係［買い出し、擬似雪玉・旗の制作］、渉外係［外部との交渉］、交通係、ルール・作戦検討係、日程調整係、ビデオ撮影係など）

❸〈場・環境〉……みんなで平等に場・環境を整備・管理・共有する

○練習・試合・ミーティングの日程、時間、場所の決定・確保
○経費の計上・管理・捻出　○用具の準備・管理・購入　○交通手段などの検討
○場・環境のシェア・共有（1つの施設を複数で使う場合にどうすればシェア・共有できるのか、施設の空いている時間帯を調べる、など）

きます[4]。みんなで協力して、交わりながら運営していくのがクラブなのです。

これらの語源からも、運動部活動で「自治」を追求するのは必然的といえるでしょう。もちろん、スポーツは競争を特質とする文化ですから、それを放棄するのではありません。勝利に向けて、「自分たちで強くなっていく」ことをめざすのです。

私はかつて、このような問題意識から実際に自らクラブを立ち上げ、そこでどのような課題が生じるのかについて調べたことがあります（表1）[5]。学校卒業後に自分たちでクラブをつくり、運営していこうと思ったら、このような課題に直面するのです。

そのため学校の運動部活動では、これらの

課題を子どもたちが解決する機会を設け、スポーツの主人公にふさわしい力・行動を身につける必要があるのです。

分野を超えた議論に挑戦する

ご登場いただく各分野の専門家の方々に、「運動部活動は子どもが主人公の自治集団活動である」という〝共通の土俵〟に上がって授業をしてもらうことで、これまでの閉鎖的な議論を乗り越える見通しが立ちます。

なぜなら、この〝共通の土俵〟が用意されることによって、「私ならこんな提案ができる」「こういう観点から応援できる」といった意見を言いやすくなるからです。その結果、建設的な方向へと議論が進み、「運動部活動」というテーマで各分野の専門家が連携することも可能になるでしょう。

これまでの議論に欠けていたのは、外部の人でも参加できるような〝共通の土俵〟でした。その結果、さまざまな分野の人が議論を交わしても、残念ながらそれぞれが「言いっぱなし」の状態になることがあったのです。

その反省に基づき、今回の授業では〝共通の土俵〟を用意して、開放的な議論を展開することで、閉鎖的な「運動部活動ムラ」から脱出するための地図を皆さんと一緒につくっていきたいと思います。

読者・受講者に期待したいこと

この授業で想定している受講者は、大学関係者、スポーツ指導に関わるコーチや教師、そして、これからそれらの職業に就こうとしている学生です。

それぞれの受講者に求めたいのは、先述したように、この授業が「運動部活動は子どもが主人公の自治集団活動である」という前提で進められていることへの理解です。この前提条件を忘れてしまうと、講義の内容が頭に入ってこない恐れがあります。

そのことを理解した上で、大学関係者の方には、自分の関わっている講義・演習で「運動部活動」について扱うことができないかを検討していただきたいと思います。

自分の専門分野と近い人の提案は、講義資料として扱うことができるでしょう（ゼミなどで活用することもできるのではないでしょうか）。あるいは、多くの大学で行われている「初年次教育」において、この授業の内容を活用していただき、身近に存在する運動部活動を「学問的なまなざし」で見つめさせることによって、大学教育のイメージをつかんでもらうのもよいでしょう。

教育現場に出れば『「当たり前」のように部活動を担当する実態があるにもかかわらず、多くの大学の教職課程では、部活動に特化した授業科目がないのが実情です。そこで、この授業を参考にしながら、さまざまな分野の教員による運動部活動の講義を「オムニバス」形式で始めることができないか、ぜひ検討してみてください。

スポーツ指導に関わるコーチや教師は、自分が関わっているクラブ・部活動の実態を念頭に置いて授業を聞いてみましょう。とりわけ、体育・スポーツを専門にしていない人からの指摘や提案は、新鮮に聞くことができると思います。

科学的な指導を求めない人はいないでしょうが、皆さんの求めている科学は、体育やスポーツに特化していないでしょうか。知らず知らずのうちに、「運動部活動ムラ」の住人になってはいないでしょうか。

視野を広げれば、社会にはさまざまな科学があります。指導に関わる皆さんが、それらの科学に視野を広げることで「ムラ」から抜け出せれば、これまでの指導に広がりや深まりが生まれるでしょう。

さらには、これから指導者をめざす学生の皆さんも、授業の内容を自分の経験してきた運動部活動やクラブに適用することができないか、検討してみるとよいでしょう。「無理だ」「つながらない」とすぐに言うのは簡単です。大切なのは、「どうすれば問題を解決できるのだろうか」「理論を実現するにはどうすればよいだろうか」と、一度立ち止まって考えることです。

理論と実践との融合は、どの分野・フィールドでも問われますが、その間で模索し、実現に向けて葛藤することが、指導者として、あるいは人間としての成長につながるのではないでしょうか。そんなことを考えながら、授業を聞いてほしいと思います。

さあ、これからどのような授業が展開されるのでしょうか。登場していただく先生方の「熱いエール」に期待しましょう。

【引用・参考文献】

1）https://www.jstage.jst.go.jp/browse/jjpehss/60/Report/_contents/-char/ja/（最終アクセス…2017年1月24日）
2）朝日新聞朝刊（2016年1月16日）
3）山本徳郎『教育現場での柔道死を考える―「子どもが死ぬ学校」でいいのか!?』かもがわ出版／2013／29〜30ページ
4）中村敏雄『クラブ活動入門』高校生文化研究会／1979／30ページ
5）神谷拓『運動部活動の教育学入門―歴史とのダイアローグ』大修館書店／2015／233ページ

［ 授業のまとめ ］

運動部活動の主人公は子どもである

●これまでの議論の問題点と、この授業の目的

①「運動部活動は何のためにあるのか」に関わるコンセンサスが得られていない

⬇これから始まる授業では「運動部活動は子どもが主人公の自治集団活動である」という共通の土俵に上がって話をしてもらう

②体育・スポーツ関係者だけの閉じた議論になりがちだった

⬇これから始める授業では、体育・スポーツ関係者だけでなく、それ以外の分野の専門家にも運動部活動について語ってもらう

これらの前提条件を踏まえて、授業を受けてみましょう！

大野 貴司

帝京大学経済学部 准教授

▼2時限目 経営学

運動部活動をマネジメントする

経営学と運動部活動との関係

2時限目は、経営学の立場から運動部活動についてお話ししたいと思います。

経営学は企業を中心とした組織の運営、すなわちその存続・成長を考えていく学問です。このように述べると、企業を運営していくためだけの学問と思われるかもしれませんが、組織を存続・成長させていくことが求められるのは企業だけではありません。学校や病院、そしてここでお話しする運動部活動など、あらゆる組織が発展していくためには「経営」が必要になり、これらの組織も経営学の研究対象となります。

では、組織はどのように存続・成長、すなわち「経営」を実現していくのでしょうか？

組織はヒト・モノ・カネ・情報という経営資源の獲得及び活用を通じて、その存続・成長を実現していくというのが、その回答になります。そのなかから今回は、「ヒト」のマネジメントである組織論の視点で運動部活動のマネジメントについてお話ししていきます。

運動部活動における「組織」と「個人」

組織とは、１人では達成不可能な大きな目標をもった人々の集合体です。組織では、人々が役割と権限を分担しながら、力を合わせて（協働して）、その目標達成のために活動していきます。組織の管理者には、組織にいる人々のやる気を引き出すことと、協働していくための仕組みをつくることが求められます。

実際の企業において、管理者は従業員に支払った給料以上の働きを求めるかもしれませんが、その一方で、従業員は一生懸命働いても給料が変わらないのならば、できるだけ怠けようとするかもしれません。企業の目的は売り上げを増やして会社を大きくすることかもしれませんが、一般従業員はどうでしょうか。「仕事が生きがいだ」と言う人もいるかもしれませんが、なかには「給料は生活するのに必要なだけもらえればよいから、疲れない程度に働いてプライベートを充実させたい」と思う人もいるかもしれません。その意味で、組織のマネジメントを考えるにあたっては、まず組織と個人との乖離に目を向ける必要があります。

組織と個人との乖離は、運動部活動においても生じると考えられます。対外試合で優秀な成績を収めることを組織の究極的な目的とし、子どもが萎縮するような罵声交じりの指導をする指導者と、スポーツを楽しみながら実践していきたいと思う子どもという構造は、運動部活動における組織と個人との乖離における典型例でしょう。独裁的な指導者は子どもたちの納得や合意を無視して、練習方法や部の運営を自分だけで決めてしまいます。指導者が決めた練習方法や運営の在り方について納得できない子どもは、部を去るか、感情を押し殺して指導者に服従するかの選択を迫られることになるでしょう。

こうした独裁的な指導者がマネジメントする運動部活動では、自らが考えたり選択したりする余地を奪われることになります。言い換えれば、すべてが他者によって決められ、自ら決めることも挑戦することもできない組織のなかで、子どもたちは、何かに挑戦する機会や挑戦に成功する(失敗する)機会、成功を収めることによる(失敗を乗り越えることによる)自己成長の機会が奪われるのです。

著名な組織研究者のクリス・アージリスの言葉を用いるなら、「それは自己実現を禁じ、ほんの少しの浅い表面的な能力の発揮を許すが、それらの能力は健康なパーソナリティーによって望まれる『限りない戦』を提供しない」[1]のです。さらに彼は、人間が心理的な成功を得るためには、組織において以下の3つの要件が必要になると述べています[2]。

①自己責任と自己統制
（自らの責任をもって自らの仕事を決定できること）
②有意義な仕事への自発的な取り組み
（自らが有意義であると認識している仕事に自発的に取り組めること）
③従業員の重要な能力が活用されているという経験をもつこと
（自分のなかで「高い」と認識している能力を仕事で使えた経験をもつこと）

彼の理論を用いるまでもなく、独裁的な指導者の下で運営される運動部活動は、組織と個人との乖離を促進させ、子どもたちの人間としての成長の機会を奪っているということができるでしょう。運動部活動を子どもたちに取り戻させ、真の意味で彼らが成長できる場としていくためには、部・指導者と子どもたちとが同じ目的を共有して、同じ方向を向いた状態になること、つまり組織と個人との統合が求められるのです。

組織と個人との統合を考えるにあたっては、「運動部活動は子どもが主人公の自治集団活動である」という本書の前提が重要になります。運動部活動という組織において、対外試合の勝利は究極的かつ唯一の目標ではなく、「経験を通じての子どもの人間的な成長」こそが優先されるべき目的となります。また、運動部活動は学校のなかに位置する活動であり、地域のスポーツクラブにはない目的があるはずです。

学校が教育活動の場であることを踏まえるならば、運動部活動の目的も、スポーツ組織における活動とその運営経験を通じての教育、ひいては子どもの人間的な成長ということになるのではないでしょうか。要するに、子どもたちが人間的に成長していくなかで、部の運営や練習の研究が自発的に行われ、練習や戦術の質が高まり、試合に勝てるようになる可能性が高まるのです。

組織と個人との統合を可能にする運動部活動のマネジメント

では、どのように組織と個人とを統合していけばよいのでしょうか?

アージリスは、その方法として、以下の2つを挙げています[3]。

①個々のメンバーが自分の重要な能力をより多く活用する機会を与えられる「職務拡大」

②すべてのメンバーが組織の方針や将来の活動の決定について議論するのを容認・推奨し、メンバーが自分たちの職務の状況をできるだけ自ら決定することを容認する「参加的な、あるいは従業員中心的なリーダーシップ」

組織の方針や将来的な部の姿を議論し合うことが奨励され、個人が自らの仕事について考え、挑戦できる組織づくりと、それを推奨するリーダーの存在が、組織メンバーの管理者への依存を軽減させ、メンバーを人間として成長させていくのです。アージリスは、組織の方針は等しい権力と責任をもった関係者全員による参加によって決められるべきであり[4]、組織の在り方に自らが関わることによって、高い次元の能力を使うことにつながり、その経験は自らの心理的な成功や成長にもつながると考えています。このような彼の知見から、組織とは、個人が自己実現を果たし、人間的に成熟・成長していく「場」であると捉えることができます。

運動部活動に置き換えて考えるならば、従来は指導者の役割であると考えられていた部の目標決定や、練習内容及び方法の決定、部の運営方法などの決定を子どもたちへと移管していくこと、すなわち自治活動の経験は、子どもたちが自分の重要な能力をより多く活用する機会、つまり職務拡大につながるといえるでしょう。挑戦する機会を与えられれば、成功することも失敗することもあるでしょうが、結果はどうあれ、子どもが人間として成長する契機、自己実現の契機となることでしょう。さらに言えば、子どもたちが所属している組織である部、そして部の仲間たち、部の業務に責任を負うことは、彼らを人間的に成長させるだけでなく、組織や仲間へのコミットを深め、協働の質を高め、組織を活性化させることにもつながります。一般的な知名度も高い経営学者であるピーター・ドラッカーも、著書『マネジメント』において、組織、作業集団、自らの職務に対して責任をもつ「責任ある労働者」の存在と、「責任ある労働者」を組織に多くつくることこそが、マネジメントを有効なものにすると論じています[5]。

そう考えると、部活動において必要な指導者の在り方は、従来のスポーツ界で礼賛されてきたカリスマ型指導者や、「おれについてこい！」と子どもたちを先導する指導者とは異なってくるのではないでしょうか。それよりも、黒子として運動部活動という劇場の主役である子どもたちの自治活動を見守りながら、時に支援し、彼らに気づきを促しながら、自分たちで部の運営を行うことを可能とする、後方支援型のリーダーが求められているといえるでしょう。

では、実際に自治を実践する子どもたちには何が必要になるでしょうか。アージリスは、組織と個人との統合を実現していく上で、組織メンバーの対人能力が重要になると論じています。対人能力とは、アージリスによれば、人間を取り扱う能力[6]、すなわち人間の協働関係を発展させる能力のことです[7]。この理論を運動部活動に置き換えていくと、子どもたちがうまく協働していくことこそが自治による部の運営を円滑にし、その成功体験を通じて、組織の目標でもある「子どもたちを成長させる部活動」づくりを実現可能にしていくものと考えられます。

では、子どもたちの協働を促進していくために、指導者は何ができるのでしょうか？ 先に述べたように、指導者が手取り足取り一から子どもたちに教えると、子どもたちの自治活動を単純化させ、彼らの挑戦や成長の機会を奪うことになりかねません。そう考えるならば、指導者に求められるのは、自治のための協働が促進される土台づくりといえます。すなわち、組織文化をつくるということです。

組織文化とは、組織にいる人々の間で共有されている考え方や行動規範のことです。組織文化がそこにいる人々の信念や行動、ひいては組織の戦略や管理の在り方を規定づけることになります。協働を促進させるために、指導者に求められるのは、この組織文化づくりです。具体的には、子どもたちの話し合いによる部の方針づくりが必要になるでしょう。そして、それを〝お題目〟としないことが求められます。部の運営に必要な職務の分担においても、その仕事に習熟した子どもたちだけを集めるのではなく、そこに新入生も加えることにより、助け合いや支え合いが自然に生まれるように組織編成をデザインするのです。また、子どもに仕事をさせる場合も、特定の子どもだけでなく、協働で仕事をやり切るようにしっかりと見届ける必要があります。

このように自治、協働が「当たり前」の価値観、すなわち文化として根づくように、指導者は子どもたちの活動を絶えず見守り、特定の子どもによる「独裁」や、特定の子どもへの「押しつけ」が生まれないように見守っていく必要があります。そして指導者は、自治や協働が文化として根づくように、辛抱強く子どもたちと向き合っていく必要があるのです。

運動部活動で育てるのはロボットではない

本授業では経営学、特に組織論の視点から運動部活動についてお話ししました。学校のなかで行われる運動部活動に教育的な意義をもたせるためには、そこにいるすべての子どもたちに人間的成長のための機会を提供することが必要となります。それこそが、子どもたちの自立的な行動、協働に基づく自治活動です。

今後の学校教育においては、大人の〝言いなりロボット〟ではなく、自分で動き、人と関わりながら問題を解決できる、「生きる力」を備えた人間を生み出していくことがますます求められるようになります。運動部活動は、そうした人材を育成できる高い可能性を秘めているものと私は考えます。それこそが運動部活動の教育的な意義、ひいては社会的な存在意義となっていくことでしょう。

【引用・参考文献】

1）クリス・アージリス著、伊吹山太郎・中村実訳『新訳 組織とパーソナリティー――システムと個人との葛藤――』日本能率協会／1970／101ページ
2）1に同じ。265ページ、278～279ページ
3）1に同じ。265～295ページ
4）クリス・アージリス著、三隅二不二・黒川正流訳『新しい管理社会の探求』産業能率大学出版部／1969／280ページ
5）ピーター・ドラッカー著、上田惇生訳『マネジメント（上）』ダイヤモンド社／2008／339ページ
6）クリス・アージリス著、高橋達男訳『対人能力と組織の効率』産業能率大学短期大学出版部／1977／16ページ
7）黒田兼一『アージリスの管理論について(2)』桃山学院大学経済経営論集24(2)／1982／176ページ

［授業のまとめ］

子どもたちを成長させる部活動とは

□子どもたちがうまく「協働」するために、指導者には、協働が促進される「土台づくり」、すなわち「組織文化づくり」が求められる

□子どもたちの話し合いで部の方針をつくる。ただしその際には、特定の子どもだけでなく、新入生なども加えることで、助け合いや支え合いが生まれるようにする

□自治や協働が文化として根づくように、指導者は辛抱強く子どもたちを見守り、そして向き合っていく必要がある

伊藤 恵造
秋田大学教育文化学部 准教授

3時限目 地域スポーツ論

運動部活動を地域に埋め戻す

地域スポーツ論とは

私の専門はスポーツ社会学で、特に地域スポーツに関する研究に取り組んでいます。そこで本授業では、地域スポーツ論を踏まえながら、学校の運動部活動における「自治」について考えてみたいと思います。

地域スポーツ論は、地域で生活する人々によって日常的に行われるスポーツ活動（＝地域スポーツ活動）を巡る議論として展開されてきました。考えてみると、学校は必ずどこかの地域に存在しているわけですから、学校のなかで行われる運動部活動を地域スポーツ活動の1つとして捉えることは間違いではないでしょう。以下ではまず、その観点から、どのようなことが論じられてきたのかについて確認していきます。

運動部活動と地域スポーツ活動とをつなぐ

運動部活動と地域スポーツ活動とを〝共通の土俵〟に上げて論じた研究者の1人として、森川貞夫を挙げることができます。森川は、『必携スポーツ部活動ハンドブック』[1]において、「地域とともに育つ」部活動の在り方を提示していますが、その下敷きとなっているのは、『必携地域スポーツ活動入門』[2]などにおいて展開される地域スポーツ論です。この2冊の本に共通するのは、学校や行政の現場で問題を抱える指導者たちが、自らの手で実践の成果をまとめたものである点です。森川はそれらの実践を編む作業を経て、指導や組織運営の指針となる主体像と組織像のモデルを提示するに至ります。その内容を詳しく見ていきましょう。

主体像とは、スポーツに参加する個人に求められる能力を意味します。森川[2]は、「いつも誰れかに手とり足とり指導されなければ何もできない」人たちのことを地域スポーツ活動の「お客さん」と呼びます。そして、「自分さえスポーツができればいい」「自分さえうまくなればいい」という自己中心的な「お客さん」が、地域スポーツ活動の担い手へと成長していくために身に付けるべき能力――「スポーツの主人公」にふさわしい能力――として、次の4つを挙げています。

①スポーツの楽しさを味わえる程度の技術・能力
②自らの力で練習計画を立て、技術を習得していく能力

③クラブを組織し、運営していく能力
④スポーツの条件を獲得し、障害を克服していく能力

それぞれの能力に関する詳しい説明は省略しますが、これらの能力は、地域スポーツ活動を通じて育てられていくものとされています。ただし、すべての人がこの順序に従って同じように身に付けていくものではなく、それぞれの個性に応じて身に付けるものと説明されています。

一方、クラブがめざすべき組織像をモデル化したものが、「地域スポーツ組織・クラブの発展のパターン(試案)」です(図1)。この図1においてクラブの発展段階は、「誕生期」「成長期」「第一次安定期」「発展期」、そして「スポーツ運動・クラブ連合」の5段階に分けて構成されています。各段階には、「集団の運営・構造」「指導のスタイル」「活動組織の構造(練習組織)」「活動スタイル」「運営・指導の要点」に特徴が見られます。右肩上がりの線に注目すると、各段階における危機（図1中のジグザグの線）を乗り越えることで、次の段階へと到達するモデルになっているのがわかります。また各段階において、そのクラブのメンバーに求められる「スポーツの主人公」にふさわしい能力も明示されています。

クラブメンバーの拡大	誕生期	成長期	第一次安定期	発展期	スポーツ運動型へのクラブ自治の確立、協働による成長
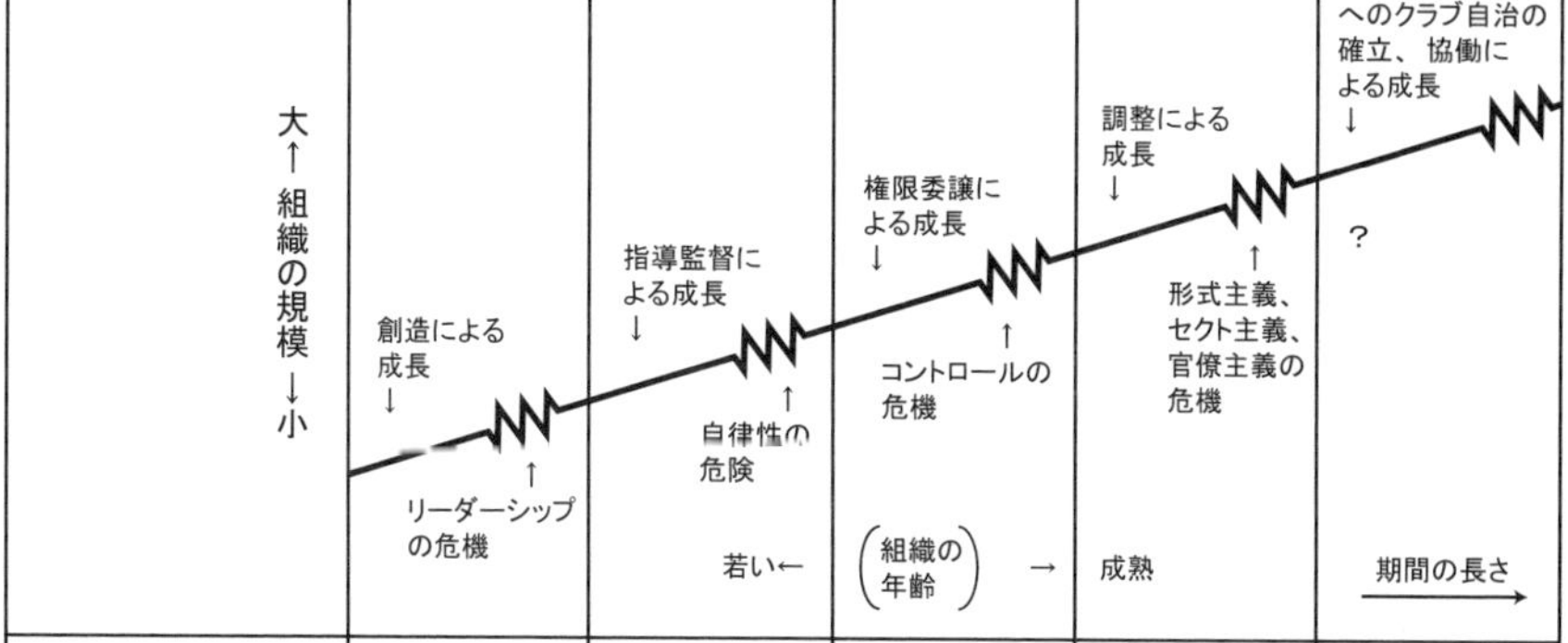 大↑組織の規模↓小	創造による成長↓ ↑リーダーシップの危機	指導監督による成長↓ ↑自律性の危険 若い←	権限委譲による成長↓ ↑コントロールの危機 （組織の年齢）→	調整による成長↓ ↑形式主義、セクト主義、官僚主義の危機 成熟	↓ ？ 期間の長さ→
集団の運営・構造	未分化 非公式	クラブリーダー固定 集権的	分権的 世話役・リーダー層、係分担、ミーティング	総会の成立 原案提出	新しいリーダー層 連合化への核
指導のスタイル	ワンマン的 （権威）放任	指揮的	協働的 委譲型	「参加」の確立	自治
活動組織の構造（練習組織）	未分化 （チーム） 非公式	キャプテン固定 一定の役割分担 （技術・コーチ）	班編成 （自律性に欠ける）	班競争の導入 クラブとチームの区別 →（自律性出てくる）	枝分かれ 連合化
活動スタイル	命令・服従 自由分散	形式的役割分担 （リーダー依存） 職能部制	方針・計画 分権的かつ地域別構造	総括準備	総括できる
運営・指導の要点	技術向上とメンバーの人間関係、楽しさ	一定の規則、約束ごとをつくる、大会参加、財政確立	仲間の拡大、PRプログラムの豊かさ、ニュース便りの発行	学習、他団体との交流	白書づくり、地域スポーツ計画の作成、地域への働きかけ
スポーツの主人公にふさわしい能力 ①スポーツの楽しさを味わえる技術能力を育てる	○	○	○	○	○
②仲間づくり、クラブ組織運営能力		○	○	○	○
③練習計画、指導計画を自分たちで立てる			○	○	○
④外的条件の獲得、克服				○	○

図1　地域スポーツ組織・クラブの発展のパターン（試案）（出典：文献 2、p.55）

森川は、このような地域スポーツ活動のモデルを示しつつ、運動部活動においても、地域スポーツ活動の担い手として求められる「スポーツの主人公」にふさわしい能力を育てていくことを提案しています。その能力は、本書でも重視されている「自治」の経験のなかで培われていくものとされています。確かに、メンバーが定期的に入れ替わる運動部において、図1のような発展段階を予測することは難しいでしょう。しかし、そこでの「自治」の経験がやがては地域へと広がり、「生涯スポーツ」の担い手となっていくというビジョンをもつことで、この図1の運動部活動への適用が可能になることを示唆しているのです。

このことからも明らかなように、森川は「生涯スポーツ」の観点から運動部活動と地域スポーツ活動との接続の可能性を提示しています。とりわけ、「スポーツの主人公」にふさわしい能力と、「地域スポーツ組織・クラブの発展のパターン(試案)」は、「生涯スポーツ」を想定した部活動指導に取り組む際に、指導者の指針になるといえるでしょう。

地域スポーツ論が提示するモデルの限界

しかし、森川が先の提案をしてからすでに30年が経過しており、地域社会の状況は当時とは大きく変わっています。

例えば1990年代以降、日本社会における少子高齢化は急激に進行しました。また都市部では、グローバル化の進展に伴う外国人労働者の流入が進んでおり、中山間地域では「限界集落」というキーワードとともに、過疎化の問題が指摘されています。その一方で、障がい者の社会参加がますます進んでいると言うこともできるでしょう。これらは変化の一端にすぎませんが、地域社会の多様化が進んだことに間違いはありません。

また、バブル経済の崩壊を経験した日本社会では、地域の担い手の外部化が確実に進んでいます。NPO法の制定などに伴って、行政と市民の「協働」が盛んに叫ばれるようになったのも、この30年のことです。つまり、行政が主導して取り組んできた地域課題の解決は、多様な担い手(組織)の協力関係のなかで行われるべきこととなったのです。森川も、多様な担い手の「つながり」によって、子どものスポーツや地域スポーツを支えていくことの必要性を近年の論稿で指摘しています[3]。

多様化する地域社会の状況を踏まえると、30年前に提示されたモデルをそのまま適用することには限界があるといえます。なぜなら、これらのモデルでは「生涯スポーツ」という限定的な観点からしか、運動部活動と地域スポーツ活動とのつながりを捉えられないからです。

「生涯スポーツ」とは「0歳から100歳まで、生涯にわたってスポーツを楽しんでいくこと」を意味するといわれますが、ここでいう「生涯」は、個人を前提とした言葉です。個人を想定してモデルを提示することは、学校教育や社会教育の観点ではメリットもありますが、デメリットとして、その個人が生活する地域社会を見えにくくさせることが挙げられます。

例えば、先に示した「スポーツの主人公」にふさわしい能力は、それぞれの個性に応じて身に付けていくものとされています。そうであるならば、「地域スポーツ組織・クラブの発展のパターン（試案）」についても、組織・クラブの個性に応じて発展していくことが認められてよいはずです。組織・クラブの個性とは、そのメンバーの個性であると同時に、地域社会の個性（特徴）が含まれると考えますが、この図1はそのような組織・クラブの個性に対応するように作られてはいないのです。地域社会の多様な担い手（組織）の協力関係のなかで、「発展」していくことを想定できない点に、これらのモデルの限界を指摘することができます。

運動部活動を地域に埋め戻す

繰り返しになりますが、このような限界がありつつも、運動部活動における「自治」を考えようとするとき、「スポーツの主人公」や「地域スポーツ組織・クラブの発展のパターン(試案)」を想定した指導を行うことは重要です。ここで私が述べたいのは、その活動が多様化する地域社会から切り離された場において展開されるものであってはならないということです。言い方を換えれば、子どもたちが生活する地域社会に応じた「自治」の場を運動部活動に用意する必要があるのではないか、ということです。「自治」を経験する子どもたちが生きているのは、まさにその変化の渦中にある地域社会だからです。

私はそれを「運動部活動を地域に埋め戻す」と表現したいと思います。運動部活動を「地域で生活する子どもたちによって日常的に行われるスポーツ活動」として捉えるのです。具体的には「子ども/大人」、あるいは「教員/保護者」などといった従来の枠組みだけでなく、「子ども/保護者ではない地域の大人」「障がい者/健常者」といったように、さまざまなカテゴリーを超えた地域自治活動として、運動部活動を位置づけ直してみるということです。

紙幅の都合上、詳しい紹介はできませんが、私がフィールドワークで出会った地域の人々は、階層や世代などが異なる人々との「合意形成」の困難さと、その重要性を認識していました[4]。地域で生活する人々の認識を手ばなさないなかでの「自治」の経験こそが、子どもたちにとって大切なのではないでしょうか。

具体的な実践内容の紹介については、いくつかの文献に委ねたいと思います。学校の教員の方には、『「みんなの学校」が教えてくれたこと』[5]をお薦めします。この本では、大阪市立大空小学校における取り組みが、初代校長の木村泰子さんによって紹介されています。また、保護者や地域の大人として運動部活動に関わりをもとうとする方には、『学校を基地に「お父さんの」まちづくり』[6]がお薦めです。この本では、千葉県の習志野市立秋津小学校における「秋津コミュニティ」の実践が、地域の大人として関わる岸裕司さんによって紹介されています。

いずれも、スポーツ活動に限定されない実践ですが、大空小学校初代校長の木村さんは体育の教員であり、また、「秋津コミュニティ」の実践にはさまざまなスポーツ活動が含まれているので、決して運動部活動と無縁な取り組みではありません。これらの実践は、必ずや運動部活動を地域に埋め戻す際のヒントを与えてくれるものと思います。

運動部活動が地域に埋め戻されていくことによって、私たちは運動部活動へのもう1つの視点に気づけます。運動部活動を、学校教育活動ではなく、子どもたちの地域生活の一部として把握しようとするとき、運動部活動を巡る新たな問題と可能性が顔を見せるでしょう。関心のある研究者の方には、農業高校運動部を対象とした事例研究[7]と、ある女子サッカー選手の生活歴を描いたコラム[8]を紹介したいと思います。

【引用・参考文献】
1）森川貞夫・遠藤節昭『必携スポーツ部活動ハンドブック』大修館書店／1989
2）森川貞夫『必携地域スポーツ活動入門』大修館書店／1988
3）森川貞夫「スポーツにおける〝新しい公共〟―子どものスポーツを支えるのは誰か?―」『スポーツ社会学研究』19（2）／2011／19～32ページ
4）伊藤恵造「縮小型社会における地域自治活動の担いの仕組み―公園管理と野球の『ゆるやかな連携』」松村和則ほか編『白いスタジアムと「生活の論理」―スポーツ化する社会への警鐘』東北大学出版会／2020／217～244ページ
5）木村泰子『「みんなの学校」が教えてくれたこと―学び合いと育ち合いを見届けた3290日』小学館／2015
6）岸裕司『学校を基地に「お父さんの」まちづくり―元気コミュニティ！秋津』太郎次郎社／1999
7）甲斐健人「農業高校運動部員の『経歴』と進路形成―『底辺』における『実践』の再検討」『ソシオロジ』44（2）／1999／3～18ページ
8）伊藤恵造「〝なでしこ〟として生きる」大沼義彦・甲斐健人編『サッカーのある風景―場と開発、人と移動の社会学』晃洋書房／2019／139～143ページ

POINT

［授業のまとめ］

運動部活動と地域スポーツ活動とをつなぐ

- □運動部活動を「地域で生活する子どもたちによって日常的に行われるスポーツ活動」として捉える
- □子どもたちが生活する地域社会に応じた「自治」の場を運動部活動に用意する必要がある
- □地域で生活する人々の認識を手ばなさないなかでの「自治」の経験こそが、子どもたちにとって大切である

久保田 治助
鹿児島大学教育学部 准教授

4時限目 社会教育学

青少年の社会教育と運動部活動

社会教育学と運動部活動

本授業では、社会教育学の観点から運動部活動について考えたいと思います。そもそも教育は、学校教育・社会教育・家庭教育の３つの領域で構成され、社会教育は大切な営みです。例えば、ＰＴＡや放課後子ども教室などは、社会教育の領域となります。体育・スポーツでいうと、スポーツ少年団や地域のスポーツクラブ・総合型地域クラブなどが社会教育として挙げられます。では、部活動は学校教育と社会教育のどちらに位置づくのでしょうか。社会教育法では以下のように記されています。

「『社会教育』とは、学校教育法又は就学前の子どもに関する教育、保育等の総合的な提供の推進に関する法律に基づき、学校の教育課程として行われる教育活動を除き、主として青少年及び成人に対して行われる組織的な教育活動（体育及びレクリエーションの活動を含む）をいう」

この法律に基づいて解釈すると、社会教育とは、学校教育の教育課程を除いた教育に関係することすべての教育を指しますから、部活動が教育課程外の活動であることを踏まえると、それは社会教育の活動といえるでしょう。しかし一方で、改訂された学習指導要領には、教育課程の教育活動と関連づけて実施する活動との方針が示されており、その意味では学校教育の活動です。このように考えると、運動部活動は学校教育と社会教育との狭間にあるといえます。ですから、運動部活動の在り方を考える上では、学校教育の観点だけでなく、社会教育の観点からも検討し、接点を探る必要があります。そこで、社会教育学の観点から、学校教育との関連性や運動部活動の課題についてお話ししていきたいと思います。

社会教育と学校教育との接点

社会教育では、地域社会における住民の主体的な学習活動や自治活動をどのように保障していくかが重要な実践課題とされてきました。なぜなら、地域住民のよりよい生活のための学びを保障しなければ、地域社会で生じるさまざまな課題に、市民それぞれが対応していくことは難しいからです。このような社会教育の課題に関連づけて、今後の運動部活動の在り方を展望するとすれば、運動部活動がもつ教育的な意義は、子どもたちが地域社会においてよりよい「自治」を行えるように、発達段階に即して実践学習を行う場であるということになるでしょう。子どもたちも、地域を生きる市民だからです。

実際に、このような提案は古くから見られます。かつて、J・デューイの著書『学校と社会』を翻訳した、社会教育学者の宮原誠一は、「教育の社会計画」という考え方を提唱しました。これは、学校教育と社会教育を総合的に考え、社会生活に即した教育計画を立てるためには、青少年の「社会参加」活動が必要であるというものでした。

具体的には、以下のような内容です。

①地域社会の生産機関及び社会的施設は、青少年の学習に対して開放すること

②家庭及び地域社会の諸機関・諸団体は、社会の悪影響が青少年の上に及ぶのを防止するために、進んで学校と協力し、青少年自身が意識的、積極的に悪影響と闘うこと

③学校が地域社会における生活学習の計画・整理・指導の場となり、いつでも青少年の生活学習のセンターとなること

④青少年の社会奉仕活動を学校の正規の課程とし、学校施設を開放して成人と青少年の組み合わせのさまざまな文化的活動を展開すること

この提案は、今日の運動部活動にとっても無視できないものです。2011年にはスポーツ基本法が制定され、その基本理念は「スポーツは、人々がその居住する地域において、主体的に協働することにより身近に親しむことができるようにするとともに、これを通じて、当該地域における全ての世代の人々の交流が促進され、かつ、地域間の交流の基盤が形成されるものとなるよう推進されなければならない」と記されています。すなわち、地域社会においては、スポーツを通じた交流の基盤形成が必要とされているのであり、それには住民の主体的な「自治」が必要であるという考え方が見てとれます。

そうであれば、そのような地域の自治に向けて、学校の部活動は何を実践課題にすべきなのかを検討する必要があるでしょう。

地域社会の生産機関及び社会的施設は青少年の学習に対して開放する

それでは、右記の①～④の観点から、運動部活動の課題について考えていきます。

例えば、学校の運動部活動に寄せられる批判として、勝利至上主義があります。運動部活動の目的が、対外試合の勝敗ばかりになってしまうのです。では、社会教育の視点でこの問題について考えてみましょう。地域社会から見ると、市民が主体的に活動することが大切であり、勝利至上主義のよしあしは問題ではありません。繰り返しになりますが、運動部活動の主役である子どもたちも市民ですから、その子どもたちが主体的に部活動を運営することが社会教育にとっては大切です。

では、主体的に活動することをどのように捉えたらよいのでしょうか。主体的というと、単に子どもが積極的に活動している状態をイメージする人がいるかもしれませんが、社会教育の観点から述べると、イメージは少し異なります。それを理解するヒントは、「生産機関及び社会的施設は青少年の学習に対して開放すること」にあります。これは、子どもが主体性を発揮する範囲や対象を学校(の対外試合)の枠にとどめずに、学外(＝地域社会)への学びへと広げることを意味しています。

例えば、トップレベルの運動部活動とプロリーグとの接点は、技術や戦術だけではありません。プロクラブが行っている活動は競技だけではなく、地域貢献活動やファンサービス、ボランティア支援など、地域との関係をよりよくすることも大切にされています。このような活動を通して、プロクラブは企業や社会に認知された組織になっているのです。

そのように考えると、勝利至上主義を乗り越えていくには、運動部活動を学外に開かれた集団にして、地域の人たちと相互理解できるような関係をつくることが必要、という展望が開けてくるでしょう。

青少年が意識的、積極的に悪影響と闘うために地域社会の関係組織は学校と連携する

勝利至上主義以外にも、運動部活動にはさまざまな問題が発生してきました。例としては、体罰・暴力の問題が挙げられるでしょう。それは運動部活動固有の問題ではなく、トップレベルのスポーツにも見られる課題でした。大人社会で起こるよくないことは、子ども社会でも起こるのです。いじめの問題が学校のなかだけで解決できないのは、それが大人社会においてもなかなか解消できないのと同じ理由です。ただ、そのように悲観するだけでは、問題はいつまでたっても解決しません。まずは大人が、地域社会のなかで子どもたちに悪影響が及ばないように、自分たちの行動を確認することが大切です。

その一方、それだけで子どもたちが健全に成長できるわけではありません。例えば、体罰の問題に直面した際に、運動部活動に関わる各種団体は声明を出し、その根絶をめざしてきましたが、それは監督を含めた大人が先頭に立って解決しようとするものでした。少し厳し

い見方をすれば、主体的に悪影響と闘う存在として子どもが位置づけられていません。例えば、子どもたち自身で体罰・暴力の問題を解決するためのルールをつくるといったことまでは、重要視されていないように感じます。

しかし、そのような体罰の問題に子ども自身が取り組むことが、社会教育にとって重要になります。つまり「家庭及び地域社会の諸機関・諸団体は、社会の悪影響が青少年の上に及ぶことを防止するために、進んで学校と協力すること」と同時に、「青少年自身が意識的、積極的に悪影響と闘うこと」が大切なのです。

学校が地域社会における青少年の生活学習のセンターとなること

学校教育では、子どもたちの学習の計画・整理・指導を行っていますが、社会教育でも地域住民に対して学習の計画・整理・指導を行っています。そもそも人間は、生涯にわたって学び続ける存在ですから、これは当然のことでもあります。しかし一方で、学校教育と社会教育を統一的に捉えて、学習の計画・整理・指導を展望するような試みは、これまであまり見られませんでした。学校教育と社会教育とを関連づけるにしても、「学校の延長」としての社会教育――フリースクールや放課後教室、学童保育――といったイメージでした。

本書の1時限目において、神谷拓氏が自身の雪合戦クラブ設立の経験を踏まえ、地域のスポーツ活動と運動部活動との接点を探っていますが、これはいわゆる学校教育と社会教育の接続の問題について踏み込んだものです。

そもそもこれまでの学校では、自分たちで何かを組織したり、創造したりする力を育てることがあまり重視されてきませんでした。どちらかというと、与えられた状況に合わせたり適応したりする力を育ててきた傾向にあります。運動部活動でも、卒業してからクラブをつくるための手法などは、十分に指導されてきませんでした。同じことは、スポーツ以外の指導にもいえます。少し大げさにいうならば、これまでの学校は、与えられた仕事をこなす能力を育む教育が中心でした。

ところが近年、職業選択が自由になり、自分で事業（会社だけでなく、NPOやボランティア組織を含む）を興す若者が増えています。子どもたちも地域社会の一員ですから、適応する教育と自分たちでつくり上げる教育の両方が必要なのですが、これまでの教育だけでは対応できない状況に直面しているというわけです。

このような状況を乗り越えていくためには、「学校が地域社会における生活学習の計画・

整理・指導の場となり、いつでも青少年の生活学習のセンターとなること」が重要です。運動部活動と雪合戦クラブの設立とを関連づけた神谷氏の視点は、この課題に取り組んだものと位置づけられます。そしてそれは、地域社会において必要となる学びを学校教育で身に付けるという点で注目されるのです。

青少年の文化的活動を、学校施設を開放して展開する

スポーツを通した社会貢献活動を実現していく上で、「青少年の社会奉仕活動を学校の正規の課程とすること」は、重要な実践課題です。現在の学校において社会奉仕活動は、社会体験活動やボランティア活動として、教科外活動のなかに位置づけられるようになりました。ところが、いまだに指導計画が明確であるとはいえません。このような現状を踏まえ、まずは運動部活動で、スポーツを通した奉仕活動を実験的に実践してみてはどうでしょうか。

先にも触れた神谷氏の運動部活動論が、これまでの体育・スポーツ研究と異なるのは、生活を豊かにするために運動部活動ではどのような取り組みをすればよいのかを研究したところにあります。具体的には大会を企画・運営したり、スポーツを振興したりする活動を重視

している点です。これは社会教育の立場から捉えると、社会貢献活動を運動部活動に取り入れたと見ることができます。

社会貢献活動とは、学外で行うことだけを意味しているのではなく、自分たちの活動を支えている土台・基盤である「社会を知ること」です。運動部活動の指導者がよく述べる「競技を支えている人への感謝を忘れない」という点も、道徳・倫理の意味だけではなく、社会貢献活動との関連で把握することが大切です。すなわち、運動部活動に関わっている地域社会のすべての人が、主体的に参加・協力できるような環境を築く社会貢献活動によって、みんなに支えられながら、部活組織が運営されている実感を得ることが大切なのです。このような活動を充実させ、それを学校の教育課程や社会の奉仕活動へとつなげていく見通しも必要ではないでしょうか。

青少年の学びとしての「社会参加」

本授業では、運動部活動がもつ学校教育と社会教育の両側面についてお話ししてきました。社会教育の観点から運動部活動の在り方を考える際には、「地域住民の主体性」と「自治」という2つのキーワードが重要です。地域社会にとってスポーツ活動は、よりよい生活をする上で欠かせないものです。それは、地域の運動会・スポーツ大会が、地域住民の関わりや自治の力に規定される現状からもわかると思います。そして、よりよい生活を営むために、地域住民による主体的な自治を行うには、学習が重要です。そのために社会教育は、市民のための学習環境を整備します。

これまでお話ししてきたように、運動部活動の子どもも地域社会の一員ですが、発達途中の存在ですから、大人と同じような学習というわけにはいきません。そのため、青少年の学びとしての「社会参加」が重要になります。子どもが地域社会においてよりよい「自治」を行えるように、運動部活動が発達に応じて実践学習を行う場として位置づけられることで、初めて学校と社会の接合点が見いだせるということなのです。

【引用・参考文献】
1）宮原誠一『社会教育論』国土社／1990
2）島田修一『社会教育の自由と自治』青木書店／1985
3）松田武雄編著『社会教育福祉の諸相と課題』大学教育出版／2015

POINT

［授業のまとめ］

社会教育学の観点から見た運動部活動の課題と解決策

【課題1】勝利至上主義への偏重

【解決策】運動部活動を学外に開かれた集団にし、地域の人たちと相互理解できるような関係をつくる

【課題2】体罰・暴力、いじめの問題

【解決策】大人が、地域社会のなかで自分たちの行動を確認しつつ、子どもたちに悪影響が及ばないように行動を確認すると同時に、体罰・暴力、いじめの問題に対して子どもたちが主体的に解決できるように支援する

中村 哲也
高知大学地域協働学部 准教授

5時限目 スポーツ史

運動部の歴史から自治と体罰を考える

スポーツ史とは

私の専門はスポーツ史です。読んで字のごとく、スポーツの歴史を研究しています。「歴史」と聞くと、年号や人名を暗記させられた嫌な記憶がよみがえる、という人もいると思いますが、学問としての「歴史学」は少し違います。何年に、誰が、何をした、というのは確かに重要ですが、歴史学はさらに進んで、その出来事がどのような政治・経済・社会のなかで生まれたのか、過去のある時点で起こっていた出来事がその後、変わってしまったのはなぜか、といったことを研究しています。本授業では、日本の学校運動部活動の自治と体罰はどのようなものだったのか、自治や体罰の在り方はどのように変わったのか、そしてその変わった理由について、野球を例にしてお話ししたいと思います。

明治時代の運動部活動

日本の学校で運動部が成立したのは、明治時代の前期から半ばにかけてのことです。最初は、学生が放課後や休日にスポーツを楽しむものでしたが、時が進むにつれて練習は次第に厳しくなり、試合での勝利を追求するようになっていきました。

例えば、当時国内最強を誇った旧制第一高等中学校（以下、一高）野球部では、部員たちが真冬に素手でキャッチボールをしたり、投手が利き腕の激痛に耐えながら投球練習をしたりしたことが知られています[1]。猛練習と精神主義を重視する彼らのスタイルは、のちの高校野球にも大きな影響を及ぼしており、「武士道野球」の起源ともいわれています。

そうした練習の様子を聞くと、怖い監督やコーチが、時に体罰を用いて指導していたのではないかと想像するかもしれませんが、そんなことはありませんでした。当時の一高の野球部員は9〜10名、つまりほぼレギュラー選手しかいませんでした。部の運営や活動方針は、選手同士の話し合いで決められ、試合中の作戦や指示も選手の代表者が行っていました。要するに、先ほど挙げたような猛練習は誰かに強いられたのではなく、選手が自発的に行っていたのです。

選手が主体となった部の運営は、問題を起こした選手に対する制裁についても同様でした。当時の運動部の選手たちは、学校を代表して活動しているという意識が非常に強く、学業とスポーツに加えて「品行方正」であることを重視していました。そのため、選手のなかで「不品行」な行いを繰り返し、「如何に制裁するも改心の意なきもの」と判断された場合は、「技術の優劣」に関係なく「鉄拳を加え」「野球部より放逐すべき」と考えられていました[2]。

しかし、部内での体罰が日常的に行われていたわけではありません。むしろ、学年に基づいた上下関係はあまりなく、選手たちの平等な関係性に立脚した自治によって、部が運営されていました。

それでは、なぜ明治期の運動部は、選手たちの自治によって運営することが可能だったのでしょうか。その理由の1つとして、日本社会にスポーツが普及し始めたばかりだったため、スポーツ組織の体制が整っておらず、指導できる年長者がほとんどいなかったことが挙げられます。

スポーツに優れていることで大学に進学したり、プロとしてスポーツを職業にしたりすることもできませんでした。当時、スポーツに参加できた学生の多くはエリートだったので、学生にとってはスポーツよりも学業のほうが重要でした。

そのような社会状況であったため、体罰を加えたり、あるいは体罰に耐えたりしてまでスポーツをする必要はなかったのです。OBが監督やコーチとして指導することもありましたが、活動の大半は、選手たちの自治によって運営され、勝利をめざして行われていました。

体罰の発生と選手自治の変容

しかし1920〜1930年代には、こうした選手中心の自治が大きく変化し、部内で体罰が発生するようになっていきました。例えば、激しいノックで「内野の人が苦しめられるので」、ノッカーをしていた監督に捕手が「球をゆっくり渡した」ところ、監督から「ノックバットで殴られ」る[3]。練習中にバントを失敗した選手が「何年野球をしているのか、この素人奴(め)」と言われて監督から「ノックバットで向こう脛(ずね)をポカリ」[4]。あるいは新入部員が「門限に10分遅れたという理由で先輩に殴られ」たり、上級生から突然「こちらへ来い。1年生のくせに…」と言われて「理由がさっぱりわからない」まま「ガツンと一発見舞われ」る[5]。野球部内で、こうした体罰が広く見られるようになっていきました。

野球部内で体罰が発生し始めたのは、春・夏の高校野球や東京六大学野球など、現在も続く大きな大会やリーグ戦が誕生し、日本国内で野球がメジャースポーツになっていった時期にあたります。学校に野球部があることが一般的となり、競技人口も急増。大会の様子は新聞やラジオで報道され、活躍した選手の名は全国に知れ渡るようになりました。野球選手として活躍すると、大学に進学したり、大企業に就職したりすることもできるようになりました。そして1934年には、プロ野球が誕生しました。

明治時代にも野球は行われていましたが、それはエリート学生による放課後の娯楽の域を出ないものでした。しかし、1920〜1930年代にかけて、野球選手は多くの少年たちが人生をかけてめざすスターとなったのです。

その結果、自分の実力を磨き、スター選手として活躍することを夢見る多くの若者が現れました。中等学校や大学の野球部員は、ライバルとの競争に勝つため、日常的に激しい練習を積む一方、競争に敗れた部員は部を去るか、控えの地位に甘んじることを余儀なくされました。

さらに、試合に勝つため、監督・コーチが毎日チームを指導するようになりました。練習や試合などの活動は、レギュラーや上級生など実力のある選手を中心に行われる一方、実力で劣る下級生や控えの選手たちは、ほとんどまともな練習もできず、練習の手伝いや雑用に追われるようになりました。

こうして、明治時代には選手たちの平等性に基づき、合議による自治で運営されていた野球部が、効率的な技術向上と試合での勝利を目的として、「監督・コーチ」「レギュラー・上級生」「控え・下級生」という、上下関係に基づいて運営されるようになりました。

そして、この上下関係を背景にして、部内で体罰が行われるようになっていったのです。

戦後の運動部における体罰の拡大

戦後、運動部内の体罰はさらに広がり、頻度や強度も高まっていきました。強豪校の野球部は「野球と云う感覚など微塵もなく、軍隊か刑務所へ入ったような雰囲気」で、監督は「怒ったら、手が出る、足が出る」のが当たり前。寮では、「脱いだスリッパがちょっとでも歪んでいるとか、廊下を雑巾がけしているのがうるさいとか、風呂の湯がぬるい」などの理由で「1年生は3日に1度は殴られる」ようになりました[6]。

野球部以外でも、厳格な上下関係と体罰が広がっていきました。長距離走の指導に際して「鉄拳制裁」を行う陸上部[7]、「新人を毎週1回練習後に1列に並ばせ、先輩がビンタを張ることを〝伝統〟にしているサッカー部[8]、「背中の荷物が重たくて歩けないと言った」下級生を「ゲンコツで殴りつける」山岳部[9]など、運動部内の体罰は枚挙に暇(いとま)がありません。

1950年代半ば~1960年代には、運動部は「現役の学生選手の意志よりも、むしろ先輩に強く支配された」封建的な集団と指摘され[10]、下級生の生活は、厳しい規律と制裁が横行した「旧軍隊の内務班における初年兵みたい」と評されるようになりました[11]。

戦後、運動部で厳格な上下関係と体罰が拡大した背景には、スポーツと学校に関する社会構造的な変化がありました。1つは、戦前の野球と同様に、多くのスポーツで進学・就職が可能になったことです。高度成長期に企業スポーツが拡大・高度化した結果、高校・大学を卒業したトップアスリートは、大企業に就職できるようになりました。1960年代半ば以降には国民体育大会の開催都道府県で、スポーツ選手を教員や公務員として採用することが慣例化し[12]、スポーツ選手として人生を生きる道が大きく開かれていきました。

もう1つは、高度成長期の生徒・学生数の増加です。戦後のベビーブームと学制改革、高校・大学進学率の上昇は、高校や大学の学生・生徒数を、そして運動部員数を急激に増加させることとなりました。例えば、1959年に東京六大学野球に所属する6校の野球部員の総数は835人に上り、最も多い明治大学には、282人もいました[13]。中学・高校の生徒数も戦後わずか15年ほどで、中学校で約1・8倍、高校では約2・8倍にまで急増し、それに伴って運動部員数も大幅に増加しました。

そのため、当時の運動部、特に強豪として名の知られた学校では、毎年の新入部員が数十人から100人以上に上ることが珍しくありませんでした。当時の新入部員は、ほとんどまともに練習できず、声出しや球拾い、ランニングなどの基礎練習ばかりでした。

新入部員の多くは、こうした活動に強い不満を感じていましたが、指導者や上級生は、効率的に活動するため、戦力になる見込みのない大半の新入部員には一刻も早くやめてほしいと思っていました。ランニングなどの基礎練習の反覆は、体力強化と同時に、練習についていけない部員をふるい落とすことが目的だったのです。部内での体罰が黙認されていたのは、それが新入生を自発的にやめさせる方法の1つだったからです。

こうして運動部の自治は、指導者が選手を、上級生が下級生を権力や体罰で服従させるものへと変貌し、近代スポーツの基本的な原理であるはずの自由や平等を微塵も感じさせないものとなったのです。

「選手みんなが主人公」の自治をめざして

日本の運動部は、選手間の平等性に基づいた自治から、上下関係と体罰を基盤とした自治へと変容していきました。その背景には、スポーツによる進学・就職を可能とする社会構造が成立するなかで、部活動が大会や試合での勝利だけを追求するような活動へと変化したことが挙げられます。

スポーツで勝利を追求したり、スター選手になるために努力したりするのは素晴らしいことです。しかし、スポーツの価値がそれだけしかないと考えると、スターになれなかったほとんどの選手や、優勝できなかった運動部には、何の価値もないことになってしまいます。試合に勝てば、あるいはスターになれば、理不尽な体罰や上下関係が認められるという考え方にも問題がありますが、実際には、理不尽な体罰や上下関係を経験しても負ける人や、スターになれない人のほうが圧倒的に多いのです。やはり、考え方を根本的に変える必要があるのではないでしょうか。

選手全員が「スポーツをやってよかった」と思えるような運動部にするためには、理不尽な体罰や上下関係を絶対になくさないといけません。そしてそのためにこそ、選手それぞれの意見や考え方の多様性が尊重された運営、すなわち「選手みんなが主人公の自治」が必要なのです。「勝つため」といって、指導者や上級生の意見だけが尊重されるようになると、控え選手や下級生が「勝つため」とは無関係の苦痛を味わわなければならなくなることは、運動部の歴史から見ても明らかです。「みんなが楽しむ運動部」「みんなが活躍する運動部」にするためにこそ、「みんなの自治で運営する運動部」にしなければいけないのです。

【引用・参考文献】

1）有山輝雄『甲子園野球と日本人 メディアのつくったイベント』吉川弘文館／1997
2）守山恒太郎『野球の友』民友社／1903
3）伊丹安広『一球無二 わが人生の神宮球場』ベースボール・マガジン社／1978
4）慶應義塾野球部史編纂委員会編『慶應義塾野球部史』慶應義塾体育会野球部／1960
5）駿台倶楽部・明治大学野球部史編集委員会編『明治大学野球部史 第一巻』駿台倶楽部／1974
6）立教大学野球部編纂委員会編『立教大学野球部史』セントポールズ・ベースボールクラブ／1981
杉浦忠『僕の愛した野球』海鳥社／1995
7）中村清『見つける育てる生かす 指導力の条件』二見書房／1984
8）朝日新聞夕刊（1965年5月25日）
9）朝日新聞朝刊（1965年6月3日）
10）加藤橘夫『加藤橘夫著作集 第一巻』ベースボール・マガジン社／1985
11）朝日新聞夕刊（1962年5月21日）
12）権学俊『国民体育大会の研究 ナショナリズムとスポーツイベント』青木書店／2006
13）『野球年鑑』東京六大学野球連盟／1959

授業のまとめ

運動部の歴史から自治と体罰を考える

【明治期】部内での体罰が日常的に行われていることはなく、むしろ、学年に基づいた上下関係もあまりないなか、選手たちの平等な関係性に立脚した自治によって運営された

【1920～30年代】効率的な技術向上と試合での勝利を目的に、運動部活動は上下関係に基づいて運営されるようになった。また、この上下関係を背景に体罰が行われるようになっていった

【戦後】運動部の自治は、指導者が選手を、上級生が下級生を権力や体罰で服従させるものへと変貌。近代スポーツの基本的な原理であるはずの自由や平等を微塵も感じさせないものとなった

神谷 拓

関西大学人間健康学部 教授

6時限目 運動部活動の教育学

子どもの自治から見た外部指導者・部活動指導員制度の是非

「運動部活動の教育学」とは

本授業は、「運動部活動の教育学」の立場からお話ししたいと思います。「運動部活動の教育学」は私の造語なので、聞き慣れない言葉だと思います。しかし、これまで学校の教育活動について研究する学問領域は、「○○教育学」と呼ばれてきた歴史があります。

例えば、学校の体育を研究する学問領域は「体育科教育学」、学校の音楽を扱う領域は「音楽教育学」と呼びます。運動部活動も学校で行う教育活動ですから、「運動部活動（の）教育学」があってよいはずです。そのような問題意識から、私はこの研究を続けてきました。

ここでは「運動部活動の教育学」の立場から、最近話題になることの多い外部指導者・部活動指導員について考えてみましょう。

運動部活動の教育内容と外部指導者・部活動指導員の役割

まずは、運動部活動の教育内容から話を始めたいと思います。学校教育に運動部活動が位置づくには、運動部活動でしか経験できない「固有の教育内容」が必要です。例えば、体育の授業でも運動部活動と同様の経験ができるのであれば、わざわざ課外で運動部活動を実施する必要はないからです。

1時限目の授業で指摘したように、私は運動部活動には24ページの表1[1]のような教育内容があると考えています。ここに記したものの一部は、体育授業や運動会などで経験する内容と類似するものもあります。例えば、練習計画の立案は体育授業でも行いますし、役割分担は学級活動や学校行事でも行います。しかし運動部活動は、それらを生徒の自由な時間、すなわち課外で主体的に行う点や、異年齢集団で長期間にわたって行う点に特徴があり、必ずしも教科や教科外活動と同じ経験にはなりません。

私は、このような運動部活動独自の経験を「授業の学習内容」と対比させて、「自治内容」と呼んできました。前出の表1に示した自治内容は、自分たちでクラブ（雪合戦クラブ）をつくり、実際に解決してきた課題を整理したものです。生徒が学校を卒業した後もスポーツを続けようと思えば、同様の課題に遭遇することになるはずです。また、運動部活動の目標の1つに、卒業後もスポーツを続ける力をつけることがあります。そのため、表1のような自治内容を経験しておくことが重要なのです。

運動部活動に外部指導者・部活動指導員を活用するならば、このような自治内容の経験を促したり、励ましたりすることが前提になるでしょう。もし外部指導者・部活動指導員が前面に立って、表1に記した生徒たち自身が解決すべき課題を「奪ってしまう」状況になると、スポーツを続ける力を身につけることができなくなってしまいます。学校を卒業したら教員や外部指導者・部活動指導員はいないわけですから、運動部活動においては、できるだけ自分たちで課題を解決させておきたいのです。

学校側の受け入れ体制の課題

生徒の自治集団活動とはいっても、生徒だけで解決できないこともあります。表2[2]は、中学校・高校の剣道部における自治内容の実態を示したものです。◯がついている箇所は、私がこの剣道部に介入する前に、課題を解決していたのが誰かを示しています。そのほとんどを教員が解決していたことがわかるでしょう。そして矢印がついている箇所は、教員と生徒が話し合い、解決する主体を変えていったことを示しています。部員が解決した、あるいは教員と一緒に解決した自治内容が、増えていることがわかると思います。

表2 運動部活動のマネジメント・確認シート

NO.	自治の内容	部員	先生	協力	その他
1	大会・試合のルール・規制や、試合中に使う戦術・作戦・プラン	自分たちで学習した	先生が指導した	一緒に取り組んだ	
2	部の目標や方針	自分たちで決めた	先生が決めた	一緒に決めた	
3	練習の内容	自分たちで決めた	先生が決めた	一緒に決めた	
4	練習試合の相手	自分たちで決めた	先生が決めた	一緒に決めた	
5	どの大会に出場するのか	自分たちで決めた	先生が決めた	一緒に決めた	
6	プレイ・動き・演技の分析（プレイ・動き・演技を撮影して分析する等）	自分たちで行った	先生が指導した	一緒に取り組んだ	
7	大会・試合に出場するメンバー（レギュラー・補欠）	自分たちで決めた	先生が決めた	一緒に決めた	
8	大会・試合のポジション（役割）	自分たちで決めた	先生が決めた	一緒に決めた	
9	部活動の「名称」（学校名以外のクラブ・チームの名前）	自分たちで決めた	先生が決めた	一緒に決めた	
10	学校外の人との協力体制（外部指導者などを探したり、依頼をしたりする）	自分たちで解決した	先生が決めた	一緒に決めた	
11	キャプテン	自分たちで決めた	先生が決めた	一緒に決めた	
12	キャプテン以外の役割	自分たちで決めた	先生が決めた	一緒に決めた	
13	練習（試合）の日程、時間、場所	自分たちで決めた	先生が決めた	一緒に決めた	
14	ミーティング（練習以外の話し合いの場）の日程、時間、場所	自分たちで決めた	先生が決めた	一緒に決めた	
15	部活動に必要な予算の計上（計算）	自分たちで解決した	先生が解決した	一緒に取り組んだ	
16	部活動に関わる費用の支払い	自分たちで解決した	先生が解決した	一緒に取り組んだ	
17	用具の準備や管理	自分たちで解決した	先生が解決した	一緒に取り組んだ	
18	移動手段（学外に移動する際の現地までのアクセス方法）を調べる	自分たちで解決した	先生が解決した	一緒に取り組んだ	父母
19	学外の場所への移動	自分たちでした	先生がしてくれた		父母
20	施設の借用や共有（学内）	自分たちで解決した	先生が解決した	一緒に取り組んだ	
21	施設の借用や共有（学外）	自分たちで解決した	先生が解決した	一緒に取り組んだ	
22	掃除分担	自分たちで決めた	先生が決めた	一緒に決めた	
23	剣道連盟への登録	自分たちで解決した	先生が解決した	一緒に取り組んだ	
24	部費の徴収と管理	自分たちで解決した	先生が解決した	一緒に取り組んだ	
25	クラブジャージの注文	自分たちで解決した	先生が解決した	一緒に取り組んだ	

外部指導者・部活動指導員を活用する上でも、このリストに外部指導者・部活動指導員の欄を加えて、誰が何を解決するのか、あるいは何を一緒に解決していくのかを話し合う必要があるでしょう。そうすることで、教員、生徒、外部指導者・部活動指導員の守備範囲を明確にしながら、生徒自身が課題を解決する機会を「奪わない」ようにするのです。

通常、学校の教員は、授業などで学外の方に協力してもらう際には、授業の意図や内容を説明しながら「○○について重点的にお話ししてください」といった依頼をしていると思います。学習内容と関係のないことを話されても、生徒の認識は深まらないので、打ち合わせをしているはずです。外部指導者・部活動指導員についても同じように考えるのです。

顧問の負担軽減の観点から、外部指導者・部活動指導員の活用ばかりに目が向きがちですが、表2のような資料を用いながら、何のために、どのような協力を求めるのかまで検討しておかないと、不十分な協力体制になってしまう恐れがあります。

モデル・コア・カリキュラムの課題

次に、外部指導者・部活動指導員の育成に向けた準備体制に注目していきましょう。

表3 モデル・コア・カリキュラム

資質能力区分		領域	主な内容	必要最低時間数 基礎	応用実践	計
人間力	思考・判断	コーチングの理念・哲学	プレーヤーとともに学び続けるコーチ	9h	18h	27h
			コーチング及びコーチとは			
			コーチに求められる資質能力			
			スポーツの意義と価値			
			コーチの倫理観・規範意識			
			コーチの役割と使命（職務）			
		計		9h	18h	27h
	態度・行動	対自分力	多様な思考法	6h	12h	18h
			コーチのセルフ・コントロール			
			コーチのキャリア・デザイン			
		対他者力	コミュニケーション	6h	12h	18h
			人的環境（関係者との信頼関係）の構築			
			プレーヤーのキャリア・デザイン			
		計		12h	24h	36h
知識・技能	共通	トレーニング科学	スポーツトレーニングの基本的な考え方と理論体系	9h	18h	27h
			体力トレーニング			
			技術トレーニング			
			メンタルトレーニング			
		スポーツ医・科学	スポーツと健康	9h	18h	27h
			外傷と障害の予防			
			救急処置			
			アンチ・ドーピング			
			スポーツと栄養			
			スポーツの心理			
	専門	現場における理解と対応	ライフステージに応じたコーチング	6h	12h	18h
			プレーヤーの特性に応じたコーチング			
			コーチングにおけるリスクマネジメント			
			クラブ・チームの運営と事業			
			コーチング現場の特徴			
		計		24h	48h	72h
合計				45h	90h	135h

実習	現場実習	コーチングの実践と評価	5日	20日	50h
			10h	40h	

2017年3月に示された第2期スポーツ基本計画には、日本体育協会（現・日本スポーツ協会）が主体となって、運動部活動の指導者資格の創設や、その取得を進めていくための方針が示されています。そして、実際にモデル・コア・カリキュラムが策定されました（表3）[3]。

しかしながら、課題も残されています。カリキュラムの内容を見るとわかりますが、学校の教育活動に関わる内容が全く組み込まれていないのです。このことから、日本体育学会の阿江通良会長は、「カリキュラムと教育目標のガイドラインはおおむね問題ないと感じたが、全体的に教育学的な視点に乏しいという印象」[4]と述べています。また、私も「運動部活動の問題については教育学の教員も関与し、その英知をくみ取っていけるとよい」[5]と述べました。

外部指導者・部活動指導員に求められる中心的な役割が、技術指導のサポートになるとはいえ、運動部活動はあくまでも学校の教育活動ですから、やはり「運動部活動の教育学」に関わる講習も必要でしょう。少なくとも、生徒自身が表1のような課題を解決していくのが大切であると認識すること、表2などを用いながら、教員、生徒、外部指導者・部活動指導員の三者で運動部活動を運営していく視点をもつこと（役割分担を明確にすること）、運動部活動の歴史・課題や学校教育上の位置づけなどを理解しておくこと、が求められます。

部活動指導員制度の課題

ここで、学校教育法施行規則の改正に伴い、2017年から制度化された部活動指導員に注目してみましょう。この制度では、部活動指導員に期待する役割として①実技指導、②安全・障害予防に関する知識・技能の指導、③学校外での活動（大会・練習試合など）の引率、④用具・施設の点検・管理、⑤部活動の管理運営（会計管理など）、⑥保護者などへの連絡、⑦年間・月間指導計画の作成、⑧事故が発生した場合の現場対応、⑨生徒指導に関わる対応、が挙げられています。

ここで設定されている役割は、⑨の生徒指導を除いておおむね妥当かと思います（理由は後述）。しかし、ここでもやはり、「生徒の自治を尊重する」という前提条件が不可欠でしょう。つまり、部活動指導員が関わるとしても、①～⑧の課題のすべてを解決してしまうのではなく、生徒自身が解決する（関わる）余地を残しておくということです。

ただし⑨の生徒指導に関しては、捉え方に注意が必要です。生徒指導とは「1人1人の生徒の人格の価値を尊重し、個性の伸長を図りながら、社会的資質や行動力を高めるように指導援助するものであり、学校の教育目標を達成するための重要な機能の1つである。このような生徒指導の役割は、戦後一貫して学校教育における任務として重視されてきた」[6]といわれています。部活動指導員も学校の職員ですから、生徒指導の役割まで求めようとしたのでしょう。

ところが、先のモデル・コア・カリキュラムを見ても明らかなように、部活動指導員が、大学の教職課程で学ぶような、生徒指導に関わる講義・演習を受けているとは限りません。このような状況においては、「学校教育の任務」として教員が行ってきた生徒指導を部活動指導員に求めるには限界がありますし、教員の役割を曖昧にする点でも問題が残ります[注1]。

部活動指導員が生徒と関わるなかで、生徒指導の場面に遭遇することももちろんあるでしょうが、それは限定的なものになるはずです。そのため、部活動において、部活動指導員がどのような生徒指導の役割を果たせるのか、校長や顧問の教員が明示しつつ、互いに共有しておく必要があります。

注1…政治的な動向を見ると、部活動指導員は学校規模を縮小し、教員数を増やさない方針を背景に制度化されています。そのため、具体的な運用方法については今後、慎重に議論していく必要があるでしょう。

今後の展望

本授業では「運動部活動の教育学」の立場から、外部指導者・部活動指導員を活用する際の課題についてお話ししました。話を聞いて、私が外部指導者の導入に消極的だと思われたかもしれませんが、それは違います。私はこれまでも自治体で外部指導者を導入する際のお手伝いをしてきましたし、トップアスリートをはじめとする学外の多くの人が、運動部活動の応援団になってほしいと思っています。

私がこの授業で伝えたかったのは、運動部活動を学校の教育活動として実施する以上、「運動部活動は何のためにあるのか」という教育内容を共有しておく必要があるということです。今回の授業に関連づけていえば、「運動部活動は子どもが主人公の自治集団活動」であり、表1や表2のような自治の機会を保障するということでもあります。

このような共通の方向性をもっていないと、せっかく外部指導者・部活動指導員を活用しても、バラバラの道を歩んでしまい、生徒のためになりません。実際に、そのような事例はこれまでにも見られ、残念ながら軋轢が生じることもありました。

今日においても、授業で話したような課題を共有しておかないと、同様の問題が発生しかねません。部活動指導員の制度は動き始めたばかりですが、すでに「かみ合っていない」部分が見え始めています。運動部活動の指導に関わる人たちには、この課題をどのように解決していくのかが問われています。つまり、私たち大人の自治が問われているのです。この課題解決の経験は、大人の自治の感覚を磨き、運動部活動における自治内容の指導に反映されていくはずです。

【引用・参考文献】

1）神谷拓『運動部活動の教育学入門　歴史とのダイアローグ』大修館書店／2015／233ページ

2）堀江なつ子・神谷拓『運動部活動の自治　はじめの一歩』教育856号／40ページ

3）日本体育協会『平成27年度　コーチ育成のための「モデル・コア・カリキュラム」作成事業報告書』2016／40ページ

4）同右／23ページ

5）文教大学『運動部活動の指導・運営と指導者養成に関する調査報告書』2015／39ページ

6）文部省『学制百二十年史』ぎょうせい／1992／319ページ

［授業のまとめ］

子どもの自治から見た外部指導者・部活動指導員制度の是非

●外部指導者・部活動指導員制度を活用する際の課題

・生徒たち自身が解決すべき課題を奪ってしまう

⬇教員、生徒、外部指導者・部活動指導員の守備範囲を明確にし、何のために、どのような協力を求めるのかを検討して十分な協力体制を築く

・教育学的な視点に乏しい

⬇運動部活動の教育学に関わる講習を行い、運動部活動の歴史・課題や学校教育上の位置づけなどを理解する

・生徒指導の役割を求めるには限界がある

⬇部活動に関わるなかで部活動指導員がどのような生徒指導の役割が果たせるのか、校長や顧問が明示しつつ、互いに共有しておく

大内 裕和
中京大学教養教育研究院 教授

7時限目 教育社会学

ブラックバイトから見えてくる運動部活動の影響

ブラックバイト問題

皆さんは「ブラックバイト」という用語を知っていますか。この用語は、私が使い始めたものです。本授業ではブラックバイトと運動部活動との関係について、お話ししたいと思います。

私は、2013年6月に「学生であることを尊重しないアルバイト」を「ブラックバイト」と名づけました。学生がアルバイトのためにゼミの合宿に参加できなくなったことや、普段から真面目に勉強している学生が、「アルバイトを休めなくて試験前に勉強できない」と悲鳴を上げてきたことから、学生アルバイトに大きな変化が起きていることを感じ取ったのです。

そこで、私の講義を受ける学生約500人に、自分のアルバイトの現状について文章を書いてもらいました。一読して、とても驚きました。ひどい事例があふれていたからです。賃金未払い、無理なノルマ設定と達成しなかった場合の買い取りの強要、罰金、セクハラやパワハラなどが横行していることがわかりました。

個人名などを伏せて、集めたアルバイトの事例を私のフェイスブックで発表したところ、全国から大きな反響がありました。中高年の世代からは、自分たちの頃のアルバイトとはあまりにも乖離しているため、「これが本当にアルバイトなのか」との疑問が寄せられ、高校生や大学生、20代の人たちからは、「私のところも同じです」といった反応がありました。北海道から沖縄まで、日本全国から反響があったので、これは私の周囲だけの現象ではないと考え、翌週の講義で「これはブラック企業のアルバイト版だね。『ブラックバイト』と呼べると思うよ」と話しました。

ブラックバイトという言葉は、瞬く間に広がっていきました。ツイッターなどのＳＮＳでの拡散が大きく影響したようです。１カ月もたたないうちに、全国紙やテレビ局からブラックバイトについて私に取材がありました。私はブラックバイトについて、次のように定義しました。

「学生であることを尊重しないアルバイトのこと。フリーターの増加や非正規雇用労働の基幹化が進むなかで登場した。低賃金であるにもかかわらず、正規雇用労働者並みの義務やノルマを課されるなど、学生生活に支障を来すほどの重労働を強いられることが多い」

この定義に基づいて、２０１４年7月、私も参加している「ブラック企業対策プロジェクト」が、全国27大学の学生を対象に「学生アルバイト全国調査」を実施しました。大学生4702人から有効回答を得ることができ、そのうちの66・9％が、アルバイトで「不当な扱い」を経験していることがわかりました。この調査によって、ブラックバイトが日本社会に広く存在していることが明らかになったといえるでしょう。

ブラックバイトと「ブラック部活」との関係性

ブラックバイトを発見した後、私はその実態や、それが生み出されることとなった社会的背景を分析するようになりました。また、このような〝理不尽な〟アルバイトにどうして多くの学生がのめり込んでいくのかを明らかにするため、学生へのインタビューを行いました。

そのなかで複数の学生から、「アルバイトに採用されやすい学生には傾向がある」という意見が出ました。学生の共通の意見は、「運動部活動を熱心にやっていた人、特に部長や主将の経験者」というものでした。

あるファミリーレストランでアルバイトをする学生によると、その店には元高校野球部のキャプテンをはじめ、運動部の部長経験者が多数いるそうです。ファミリーレストランの仕事と運動部活動とはあまり関係がないように思ったので、その学生に「どうしてそんなメンバーが集まるのか」と尋ねました。すると、「面接時に中学・高校の部活動経験を聞かれるんです」と言います。「そこで『自分は野球部のキャプテンでした』なんて言えば、すぐに採用されます」とのことでした。

アパレル店や居酒屋でアルバイトをしている学生からも、同様のことを聞きました。レストランやアパレル業界、居酒屋の仕事内容と、運動部活動との間に直接的な関係があるとは思えません。どうして彼らが歓迎されるのでしょうか。

運動部での活動経験がアルバイトで有利に働くのは、アルバイトが職場の補助労働から基幹労働に移行したこと、つまり職場の組織原理が関係しています。職場の一員としての自覚を強くもち、責任感のある振る舞いが求められているのです。そこでは全体をまとめられる、統率力をもった労働者が必要となります。部長は部活動で統率力を求められることが多い、だから歓迎されるのです。

学生たちの話を聞いていると、アルバイト先で行われていることが、運動部活動とよく類似しているとわかります。居酒屋や飲食店での声の出し方、先輩から後輩への指導の仕方、ミーティングでの話し合いの仕方などは、中学校や高校の部活動でのやり方とよく似ています。

ここには、雇用主側企業の戦略があります。これまで正規労働者の補助労働を主として担っていた学生アルバイトを、責任ある基幹労働力として位置づけるというのは、大きな変革です。そのときに、学生たちをもっと本格的に活用する方法が、重要な課題となりました。そこで、学生の多くが経験したことのある運動部活動が、最も有効なモデルとして採用されているのです。

このことは、ブラックバイトでの学生の悩み方とも関係しています。学生からは、アルバイトについて「先輩に頼まれたから仕事を断れません」「先輩や後輩、友達に迷惑をかけられないので休めません」「やめたいけれど、店長や先輩にやめるなと言われたのでやめられません」といった言葉をよく聞きます。運動部活動での悩み方とそっくりです。

運動部活動での経験は、ブラックバイトに疑問をもったり、批判したりすることを困難にします。ゼミでブラックバイトについて議論をしていたときに、私が「どうして、こんなひどい目に遭ってもブラックバイトに疑問を感じないのか」と質問すると、ある学生から「運動部活動で前にも同じような経験をしていて、それが当たり前だったから」という意見が出たことがあります。ほかのゼミ生の多くも、この意見に賛同していました。

ブラックバイトに疑問をもたなくなってしまう原因の1つに、「ブラック部活」があると思います。なかでも、多くの運動部においては、それぞれ部内特有のルールがあります。そのルールは、たとえ理不尽なものであっても、部員は従うように義務づけられていることが多いものです。

私の知っている学生からも、「先輩の命令に従わなかった場合に、校庭を何周もランニングさせられるなどの〝罰ゲーム〟がある」「夏の炎天下で熱中症にかかる部員が複数出るにもかかわらず、毎年同じ場所で合宿して同じトレーニングを行っている」「合宿所ではご飯を4杯以上食べることが決まりで、もどしてしまう食の細い子が毎年いるにもかかわらず、そのルールを変えない」など、多くの実例が耳に入ってきます。

これらの状況から、一定数の運動部において、そこで決まっていることは理不尽であっても、それを我慢するのが当然で、部員全員に強制されていることがわかります。私は、この理不尽なルールを不当であると批判できずに、受け入れることを強制されている部活動を「ブラック部活」と呼んでいます。

このブラック部活の経験者は少なくありません。また、ブラック部活とまでは呼べなくても、運動部活動が生徒1人1人の自主性を尊重することよりも、集団秩序を優先してしまっている様子は多々見受けられます。

一定数の運動部活動経験者は、中学・高校時代に部活動で理不尽さに耐える経験をしています。だとすれば、アルバイト先で無給残業や無謀な勤務シフト、商品の買い取りを強制される「自爆営業」などの理不尽な扱いを受けても当然と受け止めたり、あるいは仕方のないこととして耐えたりしてしまう危険性が高いでしょう。責任感をもって仕事をする姿勢は重要です。しかし、職場で理不尽かつ不当な扱いを受けても、それを我慢してしまったり、学生アルバイトであるにもかかわらず、過剰な責任を負ってしまったりしていることに疑問を感じないのは、大きな問題です。

「ブラック部活」を変革していくことの意義

ブラックバイトという学生の働き方は、職場での不当な扱いに加え、「学生であることを尊重しない」ことから、学生の大学での学びや充実した学生生活を奪う点に大きな問題があります。学生が大学で十分に学べない事態が広がっていることは、将来の労働力の質に悪影響を与える点でも、看過できません。また、ブラックバイトを当然視したり、受け入れたりすることは、ブラック企業の温存につながり、卒業後の労働者全体の働き方を劣化させることにもつながります。

ブラックバイトやブラック企業といった働き方をなくしていくためにも、ブラック部活を変革していくことが大切です。ブラックバイトでは、労働法違反が頻発しています。学生の多くは労働法の知識が十分ではないので、職場で違法な目に遭っても、それが法律違反であることにすら気が付かない場合が少なくありません。そのため近年は、大学あるいは高校や中学校での労働法教育の実践が広がっています。まだまだ十分とはいえないので、労働法教育がより一層広がっていくことが望まれます。

しかし、労働法教育が広がっても、ブラック部活の現状が温存されていれば、その効果はあまり上がらないでしょう。労働法教育を受ければ、労働者の権利について知識を得ることはできます。しかし日々の運動部活動では、自分の意見を表明したり、権利を行使したりするよりも、集団の秩序に同調することが優先されています。中学・高校時代に権利を行使した経験がなければ、バイト先で権利を行使することは容易ではありません。これでは、労働法の知識は「絵に描いた餅」になってしまいます。

ここで、本書のテーマである「運動部活動は子どもが主人公の自治集団活動である」という原則が重要になってきます。部内で決まっているルールについて、たとえそれが理不尽なものであっても従うという行動様式を選ぶのではなく、そのルールが正当なものであるか、理不尽なものであるかを、子どもたちが自ら吟味します。そして理不尽なものである場合には、それを改めていくという実践が求められるのです。それこそが、子どもが主人公の自治集団活動だといえるでしょう。

理不尽なルールを我慢して受け入れるのではなく、それを改めていくことは、子どもを指導する教員の課題でもあります。生徒ばかりでなく、教員にとってもブラック部活は大きな問題となっており、変革が必要です。例えば、教員本人が望まない場合でも部活動の顧問を強制されたり、教員本人が未経験の競技でありながら顧問を担当させられたりしている現状があります。また、教員の「残業」は原則禁止で、十分な手当が出ないことが決まっているにもかかわらず、部活動顧問としての仕事が平日の勤務時間外や土日に横行している実態などは、近年大きな社会問題となっています。

「子どものため」という言葉の下に、ブラック部活に見られる労働者の権利を尊重しない教員の働き方が放置され続けるとすれば、たとえ労働法教育が広がっていったとしても、それは信頼に値するものにはならないでしょう。労働法教育を子どもたちに行うためには、まず何よりも、教員や学校現場が労働法や労働者の権利を尊重することが必要です。労働法の視点からブラック部活や運動部活動の在り方を見直すことが強く求められていると考えます。

【引用・参考文献】
・内田良『ブラック部活動』／東洋館出版社2017
・大内裕和『ブラックバイトに騙されるな!』集英社クリエイティブ／2016
・大内裕和・今野晴貴『ブラックバイト増補版』堀之内出版／2017

POINT

［授業のまとめ］

ブラックバイトから見えてくる運動部活動の影響

【やり方】
○声の出し方（居酒屋や飲食店）
○先輩から後輩への指導の仕方
○ミーティングでの話し合いの仕方

【悩み方】
○先輩に頼まれたら断れない
○先輩や後輩、友達に迷惑をかけられないから休めない
○やめたいけれど、店長（顧問）や先輩にやめるなと言われてやめられない

8時限目 アスリートの視点

運動部活動とアスリートの自立

久我 アレキサンデル
名古屋経済大学 准教授

アスリートの視点で運動部活動を振り返る

本授業では、私自身の陸上競技選手としての経験をもとに、主にアスリートの視点から、運動部活動の意義や課題についてお話ししていきたいと思います。

私はこれまで、中学校の部活動で陸上競技の８００メートル走と出合ってから、17年間にわたって選手として競技を続けてきました。その間、競技団体の指導プログラムやクラブチームとの接点はほぼないまま、つまり、純粋に学校の部活動のなかだけでアスリートとして育っています。そのため、アスリートとしての成長を運動部活動の経験と結びつけて振り返ることができます。

また、私は日本育ちの外国人であるため、通常の日本人アスリートとは少し事情が異なります。私が世界選手権やオリンピックといった国際大会を目標とする場合には、日本代表ではなく、母国であるペルーの代表を目指すことになります。その際、ペルーの国内大会を勝ち抜くために、現地での競技活動が必要になってきます。すなわち、日本での活動以上に、自分自身で課題を発見し、それが解決できるように「自立」しなければならないのです。

この授業では、そのような「アスリートとして自立する力」が、現状の運動部活動で身に付くのかについて、私の経験をもとにお話ししたいと思います。

具体的には、本書の1時限目で神谷氏が提案しているように、スポーツで生じる課題を①練習・試合、②組織・集団、③場・環境の3場面の観点で捉えながら、私がペルー選手権を経て、ペルー代表として2013年の南米選手権（コロンビア・カルタヘナ）に挑戦するまでの過程についてお話ししていきます（以下、本文中の①～③は前記の3場面を指しています）。

ペルー選手権までの道のり

大学時代、私は保健体育科教師の道を志していましたが、卒業が近づいてきた頃から、母国・ペルーの体育やスポーツ事情に対する関心が高まり、最終的にはペルーの学校体育を研究するために大学院進学を決めました。並行して継続していた競技活動では、満足な練習ができない状況でしたが、大学院1年目（2012年）には自己記録を更新し、日本選手権や国民体育大会で入賞しています。

続く大学院2年目には、ペルーの学校体育の視察を決めていたので、「ペルーの陸上競技

2013年のペルー選手権大会で優勝（ナンバーカード298）し、同年の南米選手権に出場した（写真提供／本人）

の様子も確認しておきたい」「記念にレースにも出てみたい」と考えるようになり、競技場やレースを探す情報収集から私のチャレンジが始まりました。日本で暮らし始めてからも通信制でペルーの教育を受けていたので、言葉を忘れることなく、言語力を生かして日程の合う競技会を探し出すことができました（③／試合日程・場所の確認）。

　ペルーに到着してからは、研究関連のアポイントメントを取る合間を縫って、ペルー陸上競技連盟に選手登録をするため、首都のリマ市内にあるオフィスを訪れました。書類一式と証明写真を提出するとともに登録料を支払い、無事に登録を済ませることができました（③／試合出場のための申請・登録手続き・費用の用意）。

選手登録が完了すると、オフィスに併設されているペルー国立競技場への出入りが認められます(③/練習場所の決定・確保)。私は競技会までの約1週間、練習のために国立競技場を2度訪れ、競技会の準備を進めました(①/練習計画の決定・実行)。

競技会当日は、時間の遅れがあったり、ウォーミングアップのための場所がなかったりしましたが、慣れない環境や雰囲気がむしろ新鮮に感じられ、楽しく前向きにレースに取り組むことができました(①/試合の場での臨機応変な対応)。結果として、私は幸運にも800メートルで優勝を飾ることができました。そしてこのときに初めて、自分の出場した競技会がペルーのナンバーワンを決める「ペルー陸上競技選手権大会」であること、優勝者に南米選手権大会への出場権が与えられることを知ったのです。

南米選手権までの道のり

私はその後、さまざまな人たちの助言や協力を得て、当初予定していたスケジュールを大幅に変更し、滞在期間を延ばして南米選手権を目指すことにしました。この挑戦における一番の課題は、どこでどのように練習するか(③/練習環境の確保)ということでした。ペルー選手権では、日本での練習の成果さえ発揮すればよかったのですが、南米選手権までは1カ月もあります。練習ができなければ、筋力や持久力などは落ちていく一方です。

また、練習以前の問題として、滞在期間が延びたことで宿泊先や食事など生活関連の調整も必要でした(③/遠征時の食事・宿泊先の手配)。結果的にはリマ市を離れて、ペルー第3の都市・トゥルヒーヨ市の祖母宅に住まわせてもらい、その近隣で活動している陸上競技クラブを探し出して、練習に混ぜてもらいました(②/一緒に活動する仲間を探す)。

しかしながら、そのクラブが普段使っている競技場は改修工事で使用できず、代わりの練習拠点となったのは、近くにある公園(セメント舗装の散歩コース)と大学の未整備の陸上競技トラック(未整備というよりは、コースが引かれただけの荒れ地)でした。

本来ならば、公園では長い距離のジョギングで練習「量」を確保したかったのですが、路面の硬さから膝や足首にダメージを受けることを懸念し、断念しました(①/練習計画の見直し・変更)。また、大学ではスピード練習を行いたかったのですが、こちらも路面が土と砂のため、足が滑ってスピードを上げる練習ができなかっただけでなく、あちこちに窪みがあり、足首をひねる始末でした。

さらには、クラブのメンバーやコーチが練習に現れなかったり、予定されていた練習場所

南米選手権に向けた練習拠点の１つだった、国立トゥルヒーヨ大学の未整備のトラック（写真提供／本人）

が使用できなかったりすることも度々あり、練習内容が「走るメニュー」から「筋力トレーニング」に突然変わることもありました。

このように練習環境は決してよいものとはいえず、練習メニューを組み、それを計画的にこなしていくことは困難を極めました。それでも、できる範囲で南米選手権に向けて準備を進め、ペルー代表として800メートルに出場することができました。しかし、結果はファイナリストに1歩届かず、全体9番目のタイムで予選敗退。おおむねイメージ通りの走りはできたのですが、最後の直線が伸びず、決勝進出を逃してしまいました。思うようなトレーニングを積めなかったことが一番の敗因であり、もちろん悔しい気持ちはありましたが、それ以上にたくさんの貴重な経験ができたことは、今でもうれしく思っています。

海外での挑戦と私の運動部活動の学び

ペルーでのチャレンジでは、多くの課題を突きつけられました。競技成績（記録）を見ても、実力を発揮できたとはいえません。ここでは具体的に課題を抜き出し、私のこれまでの部活動での経験や学びがどのように生きたのか、また逆に、どういったところが不足していたのかについて振り返ってみたいと思います。冒頭で触れた①練習・試合、②組織・集団、③場・環境の観点を踏まえながら、改めて課題を整理してみましょう。

①練習・試合に関わる課題は、南米選手権に向けて自分で練習内容を考えて設定しなければならないことでした。そのためには、陸上競技の中距離種目である８００メートルに求められる体力要素やそのトレーニング方法などについて、経験則を超えた科学的な観点から練習内容を組むことができるかどうかが、ポイントになってきます。

この点に関しては、私には高校1年生の頃から自分自身で練習メニューを作ってきた経験があり、有酸素系のトレーニングと無酸素系のトレーニング、そして身体にかかる練習の負荷と回復のバランスなど、いくつかの指標を自分で整理しながら練習内容を組み立てる能力が身についていたので、特に問題はありませんでした。

次に、③場・環境に関わる課題についてですが、ペルー選手権までの道のりでいえば、競技会を見つける作業や競技会へのエントリー、練習場所の確保、そしてそれ以前に、選手登録やそのほかのスケジュールの調整などが挙げられます。私の場合、こうした作業は大学の部活動ですでに経験していたので、おおよそのイメージをもって手続きなどをスムーズに行うことができました。

しかし、②組織・集団に関しては大変苦しむことになりました。今回の挑戦における②組織・集団に関わる課題とは、ペルーでの活動そのものを維持・発展させていくために必要な事柄について、周りの人と協力し合いながらクリアしていくことを指します。

例えば、トゥルヒーヨ市では一緒に活動するクラブを見つけることはできたものの、その仲間と一緒によりよい練習条件を追求するところまではできませんでした。要するに、練習環境や練習内容において改善の余地が残されていたにもかかわらず、条件のよい練習場所を探し出して(③/練習環境の維持・改善)、練習内容を充実させる(①/練習計画の見直し・改善)ためのアプローチができなかったのです。

こうしたことは新参者の私1人ではどうにもならず、メンバーに働きかけて意見を出してもらい、協力し合う(②/みんなで参加する)ことが必要でした。後になって隣町にも競技場があり、移動手段も存在していたとわかりましたが、活動をより充実させるための手段に気づけなかったことは、今でも悔やまれる点といえます。

このように、競技活動をよいパフォーマンスに結びつけるには、環境の整備(③)と練習内容の改善(①)に対して、積極的に働きかけていく仲間・集団(②)が必要です。しかし、私のこれまでの部活動経験においては、不慣れな土地で一からそのような状況をつくっていく力までは、身に付いていなかったといえます。

まとめにかえて

効率のよい部活動運営だけを考えるのであれば、指導者や教員が先導して指示を出していく方法がよいでしょう。実際に、部活動において組織・集団に関わる課題をメンバーの自治活動として展開することは容易ではなく、面倒にすら思えるかもしれません。なぜなら、自治的に組織・集団を動かすことは、トップダウン式の組織運営とは異なり、部内での役割分担を通して、各メンバーが練習・試合、場・環境に関わるさまざまな係を担当することを意味するからです。トップダウン式の組織運営と大きく異なるのは、担当者となったメンバーが指導者や教員の指示を受け、作業としてこなすのではなく、課題に対して「自分ならこうする」という主体的な思考を通わせるところにあります。だからこそ、経験を通して「力」が身に付いていくともいえます。

私の場合は、これまでの運動部活動で自治的に課題を解決してきた経験があり、特に練習の計画や出場する大会の確保などについては、海外での活動においても、その経験が生きた場面が多々ありました。しかしながら、自ら仲間を組織し、場・環境に働きかけて条件を整えていくような経験は著しく不足していました。私がこれまでに陸上競技に取り組んできたどの学校にも、陸上競技部専用の競技場がすでに備わっていたため、そのような環境を維持・発展させていくことを考える機会がなかったのです。

そのため、ペルーでも目の前にある場・環境を問い直すことをせず、それに働きかけて改善していく発想も乏しく、さまざまな条件整備の可能性を模索することが十分にできませんでした。これまで練習・試合に関する能力(=競技力)を高めてきましたが、その半面、「アスリートとして自立する力」に関しては、残念ながら課題が残されていたのです。

ここまでに述べた私のペルーでの経験を踏まえれば、運動部活動では、競技力そのものに特化して偏った活動をするのではなく、競技力を維持・向上させていく上で必要となる場・環境に、自ら働きかけていく力も養う必要があるといえるでしょう。つまり、運動部活動のなかで、自治的な課題解決の機会を積極的に保障していくことが重要であると、私はアスリートの立場から皆さんに提案したいのです。

［授業のまとめ］

運動部活動とアスリートの自立

●アスリート活動で生じる諸問題

①練習・試合

［例］練習計画の決定・実行、練習計画の見直し・変更、試合の場での臨機応変な対応、など

②組織・集団

［例］一緒に活動する仲間を探す、①や③についての意見を出し合う、みんなで参加する、など

③場・環境

［例］試合日程や場所の確認、練習場所の決定・確保、練習環境の維持・改善、試合出場のための申請や登録手続き・費用の用意、遠征時の食事・宿泊先の手配、など

苫野一徳
熊本大学教育学部 准教授

9時限目 哲学

そもそも運動部活動は何のためにある?

はじめに

運動部活動は何のためにあるのでしょうか。そしてそれは、どうあれば「よい」といえるのでしょうか。本授業では、哲学の観点からこの問いについて考えたいと思います。

いうまでもなく、部活動は「生徒の自主的、自発的な参加により行われる」べきものです。しかし、学習指導要領には「正規の教育課程との関連を図る」ともあり、一応は学校教育の一環とも考えられます。そうである以上、運動部活動について、学校教育の本来の使命を無視して語るわけにはいきません。

そこでまずは、これまでにもさまざまな著書などで論じてきたことではありますが、学校は何のために存在しているのか、改めて哲学的に明らかにしておきたいと思います。

「自由」とその「相互承認」の実質化

結論からいうと、それはすべての子どもたちが「自由」に、つまりできるだけ「生きたいように生きられる」ようになる力を育むためです。これが学校教育の第1の本質（使命）です。しかしそうはいっても、誰もが「自分は何をしようが自由だ」などと主張し合えば、争いが巻き起こることになってしまいます。そしてそれは、むしろ私たちの「自由」を奪い去ってしまうことになるでしょう。

それゆえ私たちは、自分が「自由」に生きられるようになるために、他者の「自由」、つまり他者もまた「自由」に生きたいと願っていることを互いに認め合う必要があります。その上で、互いの生き方や考えを調整し合う必要があるのです。

ここに学校教育の第2の本質があります。すなわち学校は、この「相互承認」の〝感度〟を育むものという本質をもつのです。

以上から、私たちは学校教育の本質を次のようにいうことができます。学校は、「相互承認」の〝感度〟を育むことを土台として、すべての子どもたちが「自由」に、つまり「生きたいように生きられる」力を育むためにあるのだ——と。

なぜそのようにいえるのか、以下にその根拠をより深く論じていきたいと思います。

世界史において公教育が登場したのは、わずか200年ほど前のことです。そしてそれは長い歴史を通して、私たち人間がその英知の限りを尽くして考え出した、人類最大の発明の

1つなのです。

思い切り昔に遡って、話を始めることにしましょう。

人類が、それまでの狩猟採集生活から、定住・農耕・蓄財の生活へと徐々に移行していくようになったのは、約1万年前のことといわれています。このいわゆる「定住革命」「農業革命」は、人々を不安定な日々から解放する人類最初の大革命であったと同時に、その後、現代にまで至る戦争の歴史の始まりでもありました。

蓄財の始まりは、その奪い合いの始まりでもあったのです。人類は約1万年前から、いつ果てるとも知れない「普遍戦争」の時代に突入しました。

歴史上、拡大し長引く「普遍戦争状態」に一定の終止符を打ったのは、古代帝国の登場でした。エジプト王朝、秦王朝、ローマ帝国など、大帝国の登場が戦争を抑止し、秩序をもたらしたのです。

しかし、これらの帝国もまた、次の新たな帝国に討ち滅ぼされていくこととなりました。人間社会はこうして、極めて長い期間にわたり、激しい戦争と支配の歴史を繰り返してきたのです。世界史や日本史を振り返ってみれば、人類の歴史はすなわち戦争の歴史だったということを嫌というほど思い知らされます。

繰り返される命の奪い合いを、私たちはどうすれば終結させることができるのでしょうか。このことは、いつの時代も人類最大の課題の1つでした。そして二百数十年前、その最も根本的な答えが、ついに近代ヨーロッパにおいて見いだされることとなりました。それは次のような「原理」です。

「なぜ、人間は戦争をやめることができないのか。それは、私たち人間に、そもそも『自由』になりたいという本質的な欲望があるからだ!」

例えば、動物同士の争いだと、勝敗が決まればそれで戦いは終わります。しかし人間は多くの場合、負けて奴隷にされ、「自由」を奪われるくらいなら、死を賭してでも戦うことを選んできました。実際、奴隷の反乱例は、数え上げればきりがありません。また、現代においてもなお、私たちは「自由」を奪われた人々の戦いを絶えず目撃し続けています。

要するに、私たち人間は自らが生きたいように生きたいという欲望、つまり「自由」への欲望を本来的にもってしまっているがゆえに、それを求めて相互に争い続けてきたのです。戦争の理由は時と場合によってさまざまですが、私たちが戦争を終わらせることのできない最も根本的な理由は、この「自由」への欲望のせめぎ合いにあるのです。

そこで、近代ヨーロッパの哲学者たち(とりわけルソーやヘーゲルといった哲学者たち)は、私たちが本来的に「自由」への欲望をもってしまっているのだとするならば、どうすればこの欲望のせめぎ合いを軽減し、戦いを終わらせ、そして1人1人が十全にそれぞれの「自由」を達成することができるのかと考えました。

その方法は1つしかない、彼らはそう考えました。

「私たちは自分が『自由』になりたいのであれば、これをただ素朴に主張し合うのではなく、相手の『自由』もまた相互に承認する必要がある。そしてこの『自由の相互承認』の理念に基づいて、社会をつくっていく必要がある。そうでなければ、私たちは再び、互いに命を賭して自由を主張し合う『普遍戦争状態』に陥ってしまうだろう」

まずは互いに、相手が「自由」な存在であることをいったん認め合うこと。これを「自由の相互承認」の原理といいます。

残念ながら、この原理に基づいた社会を完全に実現することは極めて困難です。しかしその一方で、この原理が〝発明〟されてから200年あまりの間に、人類が戦争を激減させてきたことも事実です（今日の世界の戦死者数は、第2次世界対戦時の約0・5パーセントです）。私たちが、互いの自由を主張して命を奪い合うことをやめ、自らができるだけ生きたいように生きていけるようになるためには、この「自由の相互承認」の理念を共有すること、そしてどうすればこの理念をできるだけ実質化していけるかと問うことのほかに、道はないはずなのです。

自由で自立した人間を育む公教育

さて、これまでに論じてきた「自由の相互承認」の原理が理解されて初めて、私たちは公教育がいったい何のために発明されたのかを理解することができるようになります。

社会を「自由の相互承認」の原理に基づいてつくっていくこと。これこそが「普遍戦争状態」を終わらせ、私たち1人1人の「自由」、つまり「生きたいように生きたい」という欲望をできるだけ十全に達成させられる根本条件でした。

では、私たちはこの原理をいかにして現実のものとしていけるのでしょうか。

最も重要な最初のステップは、法を設定することです。法によって、すべての人が対等に「自由」な存在であることを理念的に保障するのです。

しかし、それだけでは十分ではありません。すべての市民の「自由」が法によってどれだけ保障されたとしても、各人が実際に「自由」になるための力を得ることができなければ、全く意味がないからです。

ここで公教育（学校）が登場します。要するに公教育は、すべての人が対等に「自由」な存在たり得るように育むことを保障し、それによって「自由の相互承認」の社会原理を実質化するものであるわけです。

生存・思想・良心・言論の自由や職業選択の自由など、基本的「自由」権がどれだけ法で保障されたとしても、自ら生存する力、言論する力、職業に就く力などがなければ、それは「絵に描いた餅」にすぎません。だから公教育は、すべての人々が自由で自立した存在へと成長できるような力――これを私は〈教養＝力能〉と呼んでいます――を育成するものという本質をもつものとして登場したのです。

ここで育まれるべき〈教養＝力能〉は、読み書き・計算やコミュニケーション能力といった力だけではありません。私たちは、自らが「自由」に生きるためには他者の「自由」も認めることができなければなりません。したがって公教育では、「自由の相互承認」の〝感度〟もまた重要な〈教養＝力能〉として育んでいく必要があります。

公教育が発明される前の身分社会において、人々は時として、身分が違えば相手を同じ人間と思うことさえありませんでした。それが今では、どんなに価値観の違う相手でも、障がいのある人でも、曲がりなりにも皆同じ対等な人間同士であると思うことができています。その最大の功績は、やはり学校教育にあるのです。

こうして私たちは、そもそも学校が何のためにあるのかという問いの答えにたどり着きました。繰り返すと、「『自由の相互承認』の感度を育むことを土台として、すべての子どもたちが『自由』に生きられるための力を育むため」。これが学校教育の本質なのです。

これは、1人1人の子どもにとってみれば、学校の使命はその子どもたちの「自由」を実質化することにあるといえます。他方、社会の側から見れば、学校は社会における「自由の相互承認」の原理を実質化する土台になるべきものなのです。

運動部活動は何のためにあるのか

以上のことから、私たちは学校教育における運動部活動の使命もまた、理解できるようになります。

それは何をおいても、子どもたち1人1人の「自由」の実現に資するものでなければならず、また同時に、「自由の相互承認」の感度を育むものでなければなりません。

では、それは運動部活動を通してどのように育まれ得るのでしょうか？　最後に私なりの考えを少し述べておきたいと思います。

各人の「自由」のためにも、また、その「相互承認」のためにも、土台として欠かせないものがあります。それが「自己承認」です。

自分を承認することができなければ、私たちは、より一層の「自由」のために自分を前向きに成長させることが困難になってしまいます。「どうせ自分は…」と、その可能性を自らつぶしてしまうことにもなりかねません。

さらに、自分を認められない子どもは、他者のこともなかなか認められないものです。常に不安にさいなまれ、他者に対して攻撃的になってしまうことさえあるでしょう。

だからこそ私たちは、「自由」とその「相互承認」を実質化するために、まずは何をおいても子どもたち1人1人の「自己承認」を支え、育む必要があるのです。

それはどうすれば可能なのでしょうか。いうまでもなく、まずは1人1人の子どもたちが、大人や仲間たちから承認され、信頼される経験をたっぷりもてることが決定的に重要です。絶えずけなされたり、過度に序列化されたりし続けていれば、子どもたちの自己承認の感度はずたぼろにされてしまうでしょう。本書の趣旨でもある、「子どもたち1人1人が部活動の主役になる必要がある」ことの根拠は、ここにあります。

競技に勝つことは、もちろん重要な目標の1つです。そのために切磋琢磨することも、大事な経験です。さまざまな忍耐や挫折を通して、子どもたちは多くを学び、「自由」になるための力を自ら育んでいくでしょう。

しかしながら同時に、いうまでもありませんが、そこに集うすべての人たちが互いに尊重し合い、必要とし合い、補い合えるコミュニティづくりこそが、部活動の最も土台になければならないものです。本書でほかの先生も述べておられるように、子どもたち自身がさまざまな問題を共に解決していく、自治と協同の経験が必要なのです。

「自分って意外に悪くないな」「人の役に立つこともできるんだな」「困ったときは人の力を借りてもいいんだな」。そんなふうに、競技力の高低にかかわらず、互いの力をもち寄ってクラブをつくり合っていく経験をたっぷり積めること。それこそが、運動部活動の本義ではないかと私は思います。

［授業のまとめ］

そもそも運動部活動は何のためにある

●学校教育の本質（使命）

①すべての子どもたちが「自由」に、できるだけ「生きたいように生きられる」ようになる力を育むこと

②「相互承認*」の〝感度〟を育むこと

*相互承認…自分が「自由」に生きられるようになるために、他者の「自由」（他者も「自由」に生きたいと願っていること）を認め合い、互いの生き方や考えを調整し合うこと

10時限目 体育科教育学

体育の授業と運動部活動とをつなぐ

玉腰 和典

明治学院大学心理学部 助教

はじめに

私の専門領域は体育科教育学です。体育授業をどのように考え、計画し、実践するのかについて研究しています。私はそのなかでも、できる子とできない子がともに学習を進める「異質協同」のグループ学習の研究をしてきました。

運動部活動でも必ず技能差があるかと思いますが、体育の授業ではその差が顕著です。技能差を乗り越えて学習を進める方法や、民主的な学習集団が形成されるプロセスは、運動部活動で自治を追求する上でも重要です。本項では、そのような観点も踏まえて、体育の学習がどのように運動部活動に発展するのかについて、お話ししたいと思います。

具体的には、第1回の授業で神谷氏が提案している、クラブに必要とされる3つの自治内容（24ページの表1、①練習・試合、②組織・集団、③場・環境）の観点から、体育の授業と運動部活動との関連性について解説していきます。

練習や試合の課題を自分たちで解決する〜学習活動の対象化〜

それではまず、①練習・試合の自治内容と体育授業との関連性について解説していきましょう。

学校を卒業した後にスポーツを続ける際には、自分たちで練習や試合の課題を明らかにし、解決していくことが求められます。当然、その場に学校の教師はいません。ですから体育の授業でも、できるだけ自分たちで課題を解決させることがめざされてきました。

これまでの体育授業研究では、「学習活動の対象化」という指導原理が提起されています[1]。学習活動の対象化とは、自分たちのプレイや習熟過程そのものを分析対象にして、どこでつまずいているのか、どうすれば解決できるのかを検討し、解決のための計画を実行していく学習です。それによって、子どもたちが自主的・主体的に考え、工夫し、教え合うことができるような学習へと組織していくのです。

これは、教師から与えられた課題や方法をそのまま受け取る学習とは異なり、学習のつまずきやその解決方法を自分たちの運動を分析することで導き出していこうとするものです。

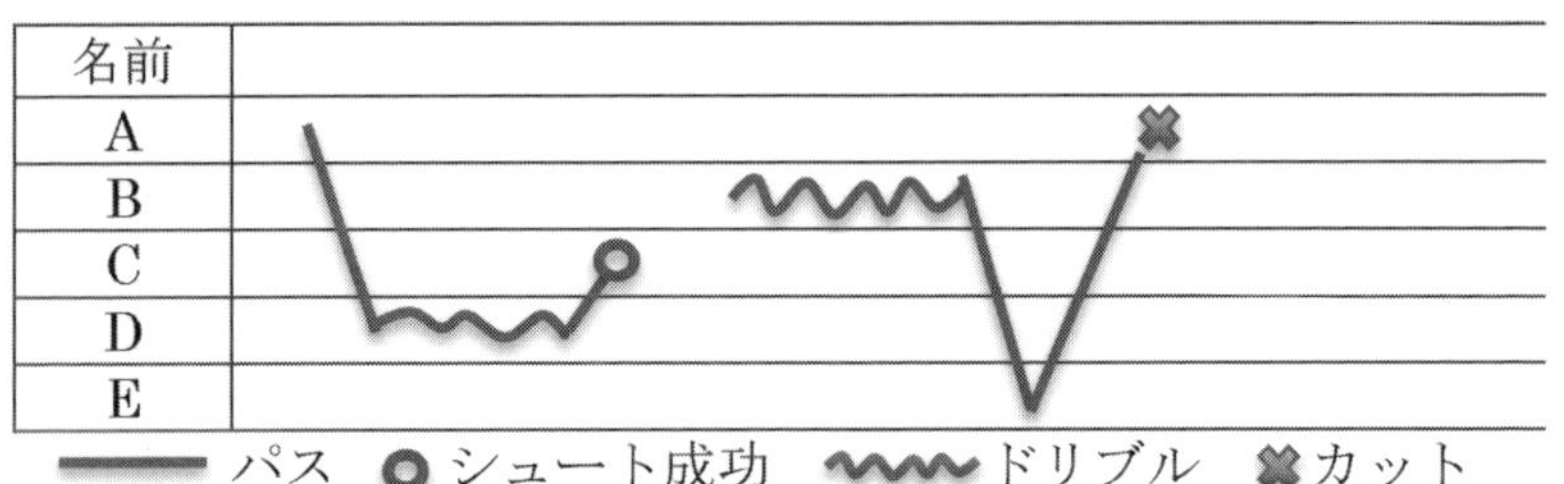

図2　ボール運動における心電図調査の例

そのために重要となるのが、運動の実態を可視化させるゲーム記録などの教具です。

例えばボール運動では、「心電図調査」(図2)といわれる教具があります[2]。これはゲーム内で誰がパスやシュートをし、成功したのか失敗したのかを時系列で書き込んでいくものです。これにより、コンビネーションからのシュートをどれだけ成功させているのか、誰にボールが回っていないのか、まだシュートを打てていないのは誰か、といった具体的な課題が見えてきます。こうして可視化された運動の事実から、うまくいかない原因を考え、解決のためのグループ練習をしていくのです。

特に異質集団のグループであれば、「できない子」の存在が浮き彫りになります。そしてチーム力の底上げのためには、その子の課題が何かを考え、教え合う必然性が生起してきます。これは、戦術や運動技術に関するポイントをみんなが理解するための契機となっていきます。運動部活動でも、みんながうまくなることや、自分たちの弱点を克服していく点に楽しさがあるかと思いますが、その基礎となる経験を体育授業で保障できるのです。

みんなで協力する組織・集団づくり～異質協同のグループ学習～

次に、②組織・集団における「みんなが参加して運営する」という自治内容と、体育授業との関係について解説します。

先に解説したような、自分たちで課題を解決していく学習集団は、必ず異質集団（能力差のある集団）で構成します。その理由は、達成度や理解度が異なる他者だからこそ、互いの運動の差異が鮮明になり、学習課題が明確になるからです。もしも等質集団であれば、うまくなる見通しをもったり、多様なつまずきから構造的な分析やうまくなる筋道を理解したりすることが困難となります。異質協同のグループ学習は、子どもたちみんなが戦術や技術を学び、うまくなるための方法なのです[3]。

その学習過程では、他者と一緒に戦術や技術のポイントを探求したり、協力し合って調査結果やゲーム記録を分析したりと、多様な関わり合いが生起します。もちろんその過程は一筋縄ではなく、さまざまなトラブルも生起しますが、対話を通して克服していきます。異質協同のグループ学習では、能力差があっても、互いを尊重し、うまくなるための課題や方法を探求する協同的な関係性が構築されていくのです。

さらにグループ学習では、練習を組織的・集団的に運営していくために、キャプテン、副キャプテン、道具係、記録係といった役割分担をします。また、教師は必要に応じてキャプテン会議を行い、チームの情報を共有したり、トラブルを解消するための約束事を決めたり、練習場所の相談をしたりします。そして授業終盤のまとめのゲーム（大会）では、授業内で大会を運営するための基本的なルールや審判方法の合意や、各役割の仕事内容の確認などを行います[4]。

こうして体育授業では、異質協同のグループ学習やグループ内での役割分担、学級規模での大会運営を通して、戦術や運動技術だけでなく、みんなを大切にしながら、自分たちで協力して組織・運営する方法も学んでいるのです。このことは、運動部活動で組織・集団を運営する力の土台になっていきます。

場・環境の学習～上屋実践～

次に、③場・環境における「みんなで平等に、場・環境を整備・管理・共有する」という自治内容と体育授業との関係について解説します。

体育では、スポーツの文化的な教養を獲得するため、実技とは別に、教室で実施する「体育理論」の領域があります。体育理論の授業を通して、子どもたちはスポーツ活動を実現していくための条件に関する知識を学習していきます。また、体育理論の授業だけではなく、実技の授業と関連させてスポーツの社会的側面を学ぶ実践づくりがなされてきました。

ここで、1つの体育実践を紹介したいと思います。それは、鹿児島県で小学6年生を対象にして実施された水泳学習です[5]。この水泳学習は、泳法を学習するだけにとどまらず、泳ぐことの基盤にあるスポーツの社会科学的認識（24ページ表1の「場・環境」に関わる認識）の形成を目標にしたものでした。

鹿児島では桜島の火山灰から保護するために、プールに上屋（屋根）が設けられている学校があります。それが台風の到来によって破壊されたことを契機にして、この実践が始まりました。具体的には、水泳学習と並行して、「どうして上屋が存在したのか」や「上屋は誰によって作られたのか」を調べたり、教師がデータを提示したりしながら、考えを深めていきます。

教師のねらいは、水泳を実施する上でさまざまな環境条件が必要であること（物質的条件）、また、子どもたちの発達を願う保護者や地域住民によって、長年かけて上屋の設置を要求する運動がなされてきたこと（人的条件）の学習でした。そしてこの学習により、スポーツの実施は社会的関係の豊かさを土台として成立していることや、何か不備があれば行政に要求することを理解させています。

こうして、スポーツの社会科学的認識の形成をめざす体育実践においては、身近なスポーツの条件を巡る問題を対象にしながら、用具の準備や片づけにとどまらない、スポーツをする場・環境に関する学習が進められてきました。

運動部活動において場や道具を大切にすることは、「心構え」や「道徳」として指導されがちです。ただし、それはスポーツをするために必要な条件に関する学習として、経験することもできるのです。

体育授業の学びを体育行事に生かした実践～行事単元の実践～

さて、運動部活動における3つの自治につなげる体育授業について紹介してきましたが、一方でこれらの実践には限界もあります。

体育授業においては必ず、教師が到達させたい共通の戦術・技術的な内容があり、子どもたちに丸ごと学習を任せることは困難です。また、体育授業で大会を運営させ、場・環境を管理・共有するとしても、それらは学級規模にとどまるという制約があります。

そのため、3つの自治内容について体育授業では経験できないことを、どこで本格的に学習するのかという問題が生じますが、それは教科外の活動（特別活動）において行うことになっています。

そこで、体育授業における経験を、教科外の活動を通して、生活場面に近い自治へとつなげていくことが課題になります。戦後初期には、このような課題を乗り越えるべく、体育の授業と教科外の行事とを関連づけて実践する、行事単元が取り組まれました[6]。

行事単元では、授業以外の生活に近い場面で、全校または学年規模での「体育委員会―ホームルームー各グループ」という組織体制をつくり、体育委員会を中心とするスポーツ大会の企画・運営がなされていきます。体育授業は、スポーツ大会のための練習や準備をする時間となり、子どもたちには毎時間の練習計画を立てさせ、練習場所や練習試合の調整なども行わせていきます。また、各グループで生起したトラブルが大会運営に関連することであれば、ホームルームで協議して体育委員会に要望を出すなど、大会運営に向けた組織体制内の連携を図っていきます。

こうして行事単元は、授業内でスポーツ活動を組織的・集団的に実践させるだけでなく、学校規模での大会を運営させることで、子どもたちの自治を育もうとしました。こうした事例に学ぶならば、体育授業の学びも、運動部活動へと発展させることができるのではないでしょうか。

体育授業の学びを運動部活動で発展させる

これまで解説してきたように、体育授業で学んだことを運動部活動へと発展させていける可能性は、十分にあります。行事単元に見られたように、両者の学びをつなげていくことで、民主的なスポーツ活動を自分たちで組織していける主体者、主人公を育てることができます。そのためにも、運動部活動においては、体育授業の学びを発展させる次のような取り組みをしてみてはいかがでしょうか。

まずは、①練習・試合の自治内容に関連して、体育授業における主体的な戦術・技術の課題解決学習（学習活動の対象化）を、運動部活動の場でも実践することが挙げられます。その際、体育授業では限定的であった運動の分析ツールが、運動部活動でなら、より総合的なものを活用することができます。さまざまな角度から自分たちの運動を分析の対象にし、戦術・技術的なポイントを発見していくのです。さらには、自分たちが知りたい実態を可視化する分析ツールを作成したり、対戦相手を分析したりするところにまで発展させることができるのではないでしょうか。

次に、②組織・集団の自治内容に関連して、部内の役割を明確にするとともに、組織的な体制づくりを行うことが挙げられます。運動部活動では、体育授業で学習した役割分担の大切さを踏まえ、さまざまな役割分担を経験することができます。また、各部員の意見をどこで集約し、協議事項をどこで検討し、合意を得るのか、要求を組織的に扱う体制をつくっていきます。体育授業では、キャプテン会議が協議の窓口となりましたが、運動部活動では全体会を開催して、直接意見を交わす機会を設定することもできると思います。

そして、③場・環境の自治内容に関連して、運動部活動で取り組むスポーツを題材に、どのような社会的条件が整うことで成立しているかを学習する機会をつくることがあげられます。まさに、自分たちが活動する上でどのような条件が必要なのか、使用する道具はどういう経緯で学校にあるものなのか、要求をどう組織するのかといった学習を踏まえることにより、自分たちで場・環境を整備・管理・共有する意味を理解し、より主体的に実践できるようになるのではないでしょうか。

体育授業と学校行事、そして運動部活動とをどのように相互に関連させながら、子どもたちを民主的なスポーツ実践の主体者に育てていくか、その観点から、運動部活動の在り方を再検討していく必要があると考えます。

【引用・参考文献】

1）中村敏雄『体育の実験的実践―子どもたちが創る体育の授業―』創文企画／1988

2）根本忠紀「サッカーの心電図」（久保健『体育科教育法 講義・資料集』）創文企画／2010

3）出原泰明『異質協同の学び― 体育からの発信』創文企画／2004

4）小山吉明『体育で学校を変えたい～中学校保健体育授業の創造～』創文企画／2016

5）村末勇介・海野勇三「プレイの向こう側に迫る授業の試み―水泳学習におけるみんなを求めて―」（中村敏雄『続体育の実験的実践― 子どもたちが創る体育の授業―』）創文企画／1991

6）丹下保夫『グループ学習による体育技術指導―中学・高校―』柴田書店／1961

POINT

［授業のまとめ］

体育の授業と運動部活動とをつなぐ

●体育授業の学びを運動部活動で発展させるための取り組み例

①練習・試合

⬇体育授業における主体的な戦術・技術の課題解決学習（学習活動の対象化）を、運動部活動の場でも実践する

②組織・集団

⬇体育授業の経験を生かして、部内の役割を明確にするとともに、組織的な体制づくりをする

③場・環境

⬇運動部活動で取り組むスポーツを題材に、どのような社会的条件が整うことで成立しているかを学習する機会をつくる

久保 元芳
宇都宮大学教育学部 准教授

▼11時限目 学校保健学

保健の授業と運動部活動とをつなぐ

保健の授業と運動部活動とのつながり

本授業では、私が取り組んでいる保健の授業研究の視点から、運動部活動を捉えてみたいと思います。特に、中学校及び高校における保健の授業と運動部活動を中心に取り上げます。保健の授業では、学習内容について生徒の理解を促すために、運動部活動との関連の面から説明したり、運動部活動中の場面や事例などを教材として用いたりすることがあります。例えば、私がこれまでに拝見した授業では、「身体の発育・発達」の内容において、青少年期の骨、筋肉、呼吸器、循環器などの発育・発達のためには適度な運動が不可欠であり、体育の授業や運動部活動などがその重要な機会であるとの説明がありました。

また、「身体の環境に対する適応能力」の内容では、環境への適応能力の限界を超えた結果として生じる熱中症に関して、運動部活動中に発生した事例を取り上げ、その原因や予防対策について生徒同士で意見を出し合う授業もありました。

さらに、「食生活と健康」の内容では、運動部活動に所属している場合としていない場合における消費エネルギー量の差について示された資料などをもとに、それぞれに望まれる食事量や栄養バランスを生徒に考えさせていました。

これらが示すように、保健の授業で学習する内容は、運動部活動と関連する部分が多いのです。これからの学校教育においては「未来社会を切り拓くための資質・能力の育成」が求められていますが、そのなかでは、保健の授業と運動部活動について、より有機的なつながりをもたせた指導や支援が必要になると思われます。以下では、その方向性や方策について、私案を提示していきます。

運動部活動は保健授業の実践の場の1つである

保健の授業で学習する内容は、生徒の実生活との結びつきが強く、彼らが生涯を通じて健康で安全な生活を送っていく上で、直接的に役立つ内容が多いという指摘をしばしば耳にします。では、実際に保健の授業で学んだ内容は、生徒の日常生活においてどれくらい生かされているのでしょうか。

この点に関して、公益財団法人日本学校保健会が2015年に実施した保健の授業に関する全国調査[1]の結果を見ると、「保健で学習したことを自分の生活に生かしていますか」という質問に対して、「生かしている」または「どちらかといえば生かしている」と回答した生徒は、中学生・高校生ともに6割に満たない状況でした。保健の授業で学習した知識などを、生徒が日常生活で実践することを通じて身に付けたり、生涯にわたって健康で安全な生活を送っていくための実践力を高めたりする機会が、必ずしも十分には確保できておらず、課題がある状況といえます。

こうした課題があるなかで、私はまず、学校教育活動の一環として位置づく運動部活動を、保健授業の実践の場の1つとして生かすことが重要と考えます。前述したように、保健の授業で学習する内容には運動部活動と関連する部分が多いため、健康・安全に関する原則や概念などを学んだ成果を、運動部活動という場において、部員の健康や安全の保持増進という観点から実践させるのです。

例えば、「感染症の予防」において学習した、感染症の防止対策としての「発生源をなくすこと」や「感染経路を遮断すること」などの原則を踏まえた上で、運動部活動におけるインフルエンザやノロウイルスによる感染性胃腸炎などの流行を防ぐためにできる方法（例えば、活動前後の手洗い・うがいの励行、器具の消毒、飲食物の適切な管理など）を考え、それを実践してみることが挙げられます。

また、「応急手当ての意義と方法」において学習した、傷病者が発生した際に周囲の人が取るべき行動の流れ（反応の確認と状況の把握→周囲の人への連絡→適切な手当ての実施）を踏まえた上で、運動部活動時に傷病者が発生した際に、顧問教師が近くにいる場合といない場合との両方を想定して、実際の行動の流れを模擬的に実践してみることも考えられます。その際、保健体育科の教科書や保健の授業時に作成したノート、ワークシートなどを運動部活動に持ち込んで活用することも効果的であると考えます。

これらの例は、保健の授業で学んだ知識を基盤とした、実践力の向上の点から取り上げました。ただし、運動部活動の活性化の観点から見ても、生徒が健康的かつ安全に活動を行うことが第一義的に求められるので、重要な取り組みといえるでしょう。

運動部活動の自治とヘルスプロモーション

本書において前提としている「子どもが主人公の自治集団活動としての運動部活動」の推進にあたって、神谷氏はその自治内容を「練習・試合」「組織・集団」「場・環境」の3場面に分類しています。その上で、それらすべてに部員が関わる必要があること、なかでも、これまでの運動部活動において部員の関わる機会が少なかった「組織・集団」づくり、「場・環境」づくりにも積極的に関与することが重要であると指摘しています[2]。そのような形態の運動部活動は、保健の授業でめざされている人間像の具現化を図る上でも、極めて有益であると考えます。

その理由として、教科としての保健がＷＨＯ（世界保健機関）によるヘルスプロモーションの考え方を、理論的な基盤の1つとして取り入れていることが挙げられます。ヘルスプロモーションとは、「人々が自らの健康とその決定要因をコントロールして改善できるようにするプロセス」と定義され、その実現にあたっては、健康的な政策づくりなどの社会環境の整備や、健康に関わる地域活動などへの人々の自主的な参加などの取り組みが重視されています。したがって保健の授業では、健康で安全に生活していく上での生徒個人の能力の育成にとどまらず、それを通じて彼らが積極的に健康や安全に関する地域活動に参加したり、国や地方自治体の健康及び安全に関する政策や制度に関心をもったり、そうした社会環境の整備に実際に関わったりできるような、資質や能力を育成することがめざされています。

つまり、運動部活動における生徒の自治集団活動を通じて育成を目指す「組織・集団」づくり、「場・環境」づくりなどに関わる資質や能力は、保健の授業で重視しているヘルスプロモーションの考え方に関わる資質や能力と、本質的に共通していると捉えることができるのです。

保健の授業が運動部活動の自治を促進する

では、そうした前提を踏まえた上で、保健の授業は子どもの自治を重視した運動部活動の推進に対して、どのような貢献ができるのでしょうか。その1つとして考えられるのが、保健の授業で取り入れられている、生徒の主体的な参加を促すような指導方法の活用です。

2017年3月公示の学習指導要領では、生徒の「主体的・対話的で深い学び」の実現に向けて、指導方法の工夫・改善などが求められていますが、保健の授業ではそれ以前から、ブレインストーミング、事例などを用いたディスカッション、課題解決的な学習など、生徒の主体的な参加を促すような指導方法の工夫を行うことが、学習指導要領の解説に示されています。また、それらの指導方法を取り入れた保健の授業実践も、中学校や高校において広まりつつあります。

生徒の自治によって進められる運動部活動においては、部の方針の決定、年間計画とそれに基づく練習計画の作成などにあたって、生徒同士の主体的な話し合いの機会（ミーティングなど）が不可欠と思われます。そうした際に、保健の授業で取り入れられているような、生徒の主体的な参加を促すさまざまな方法を活用すると、話し合いがより効果的かつ効率的に展開されることが期待できます。

見方を変えるならば、新学習指導要領で求められている、「主体的・対話的で深い学び」を意識した保健の授業を着実に実践することにより、その波及効果として、運動部活動場面における生徒の健康・安全の保持増進に関する実践力の向上や、生徒の自治に関する資質や能力の向上などにつながりやすくなるともいえます。

このような実践の推進にあたっては、学校教育という視点から、教育課程に位置づく保健や体育の授業と、教育課程外の運動部活動とを意図的に関連づけて指導・支援できる立場にある、保健体育科の教師の存在意義が大きいといえます。

しかしながら、運動部活動の顧問を担う保健体育科の教師のなかには、勝利至上主義的な運動部活動の指導に傾倒してしまい、教科指導としての保健や体育の授業が疎かになっている教師も見られます。教員養成や現職研修において、保健体育科の目標が「生涯にわたって心身の健康を保持増進し、豊かなスポーツライフを実現するための資質・能力の育成」であることを十分に自覚した上で、カリキュラム・マネジメントの視点などを取り入れながら、教育課程外の教育活動としての運動部活動の指導・支援の在り方を議論するような機会を積極的に設定していくことが重要であると考えます。

運動部活動での危険行動を防止するためには

最後に、保健の授業の視点から、運動部活動内での危険行動を防止するための提案を述べます。

運動部活動の負の側面として、部員による喫煙や飲酒、暴力などの事件が世間を騒がすことが少なくありません。保健の授業においては、近年の学習指導要領の改訂に伴って、危険行動の防止に関わる内容の充実が図られています。例えば喫煙や飲酒については、その害や助長要因、社会的対策などを学習し、暴力については、直接的に扱われていないものの関連する内容として、不安や怒りなどで生じるストレスへの適切な対処に関して学習します。危険行動の防止に関わる社会環境の整備と併せて、こうした保健の授業での学びが、生徒の喫煙、飲酒、暴力などの危険行動の抑制に貢献していることは間違いないでしょう。実際に、我が国の高校生における喫煙、飲酒、暴力などの出現は減少傾向にあることが、全国規模の動向調査から報告されています[3]。

しかしながら、運動部活動の場面では、例えば部内での好ましくない人間関係、試合に対するプレッシャーや活動中のケガなどから生じるストレスなど、部員の危険行動を助長するような特有のリスク要因を内在していることも事実です。前述のような保健の授業の内容のみでは十分にカバーできない部分もあります。

この課題の解決に向けては、保健の授業で取り入れられている指導方法である、「ケーススタディ」が活用できるのではないかと考えます。ケーススタディとは、対象場面で起こりそうな架空の物語を設定し、学習者が登場人物の立場になり、その場面での気持ちや考え、または行動の結果を予想した上で、どのような態度や行動をとるべきかを考えたり、話し合ったりする方法です[4]。架空の人物の立場で話し合うため、自分の考えを発言しやすくなるなどの利点があります。

ここでは、運動部活動場面における暴力の防止に関わるケーススタディを作成してみました(左記参照)。部内での人間関係や、主人公の部員が直面するストレスなどの運動部活動特有のリスク要因を物語に意図的に取り込んでいるので、それらへの対応について部員が考え

〈資料〉運動部活動場面における暴力の防止に関わるケーススタディの例

頑張って練習してきたのに…

中学３年生の野球部員であるＡ君は、レギュラーとして試合に出場しています。同じポジションには２年生のＢ君がおり、レギュラーをねらっています。

Ａ君は最後の夏の大会を１ヵ月後に控え、練習にも熱が入りますが、なかなか調子が上がってきません。一方、Ｂ君はそれほどまじめに練習している様子でもないのに、練習試合で活躍することが多くなってきました。Ａ君は焦るばかりです。

そんな矢先、Ａ君はバッティング練習中に、Ｂ君の打った打球を捕球しようとした際に足を取られて転倒し、「捻挫」をしてしまいました。

病院で全治３週間と診断されたＡ君は、手当てを受けた後に学校に戻ってきました。そこへ同級生の野球部員Ｃ君がやってきて「Ｂが『夏の大会のレギュラーは俺のものだ』と言いふらしていたぞ」と伝えてきました。Ａ君のイライラがピークに達したそのとき、Ｂ君がほかの２年生部員と楽しそうに話しながら、こちらに向かって歩いてきました――。

Q1. この後、Ａ君はどのような行動をとると思いますか。考えられる行動をいくつか挙げてみましょう。また、それらの行動をとることで、どのような結果が起こると思いますか。考えてみましょう。

どんな行動をとるか？	どのような結果が起こるか？

Q2. Ａ君にとって望ましい行動を考えてみましょう。

Q3. 同級生のＣ君は、Ａ君にどんなサポートができますか。

を深めたり、行動の選択肢の幅を広げたりすることが期待できます。

このようなケーススタディを部内でのミーティング時などに実施します。部員同士または顧問教師も交えて話し合うことによって、運動部活動特有のリスク要因について共有できたり、その課題の解決に向けて部員や顧問教師ができそうな取り組みや支援のアイデアを出し合ったりすることが可能になり、運動部活動内での危険行動の防止に効果的であると考えます。

【引用・参考文献】

1）公益財団法人日本学校保健会『保健学習推進委員会報告書—第3回全国調査の結果—』公益財団法人日本学校保健会／2017／119～121ページ
2）神谷拓『生徒が自分たちで強くなる部活動指導—「体罰」「強制」に頼らない新しい部活づくり』明治図書出版／2016／25～76ページ
3）野津有司『我が国の青少年における危険行動の動向とレジリエンスに関する研究』科学研究費助成事業（科学研究費補助金）研究成果報告書／2013／1～5ページ
4）野津有司『青少年の健康課題に対応できる能力を育てる保健学習—実践力を高めるための指導内容と方法の工夫—』中等教育資料48巻20号／1999／20～25ページ

POINT

［授業のまとめ］

保健の授業と運動部活動とをつなぐ

●運動部活動に対する保健授業の貢献

・学習内容の実践の場

⬇感染症の予防、応急手当ての意義と方法、など

・ヘルスプロモーションの考え方の活用

⬇健康及び安全に関する地域活動への積極的な参加、政策・制度への関心、それらの社会環境整備に関わる資質や能力の育成、など

・生徒の主体的な参加を促す指導方法の活用

⬇ブレインストーミング、事例を用いたディスカッション、課題解決的学習、など

竹原 幸太
東京都立大学人文社会学部 准教授

12時限目 矯正教育学

運動部活動で求められる自治的な問題解決の方法とは？

——修復的実践から学ぶ

矯正教育学と運動部活動

私は教育福祉学の観点から、いじめ、非行、虐待、体罰など、子どもを取り巻く暴力問題の発生構造や、その予防・解決方法について研究を進めています。より具体的に述べると、問題行動を起こした子どもや、その家族の立ち直りを支えていく「矯正教育学」と呼ばれる領域に位置づけられる研究で、運動部活動との関わりでいえば、部員同士のいじめや教師による体罰などの予防と、その解決方法に関係する学問領域となります。

本授業では、子どもの自治を育みながら暴力問題の予防と解決をめざす、「修復的実践(Restorative Practices)」という取り組みに注目しながら、運動部活動で生じる暴力や対立問題の解決方法について考えてみます。

体罰・いじめの連鎖と運動部活動

この10年を振り返ると、それ以前と同様に、学校教育の場で悲惨な事件が発生してきました。２０１２年には桜宮高校のバスケットボール部顧問による体罰事件が発生し、その前年には、大津市いじめ自殺事件が社会で大きな問題となりました。

これらの事件を受け、２０１３年３月の文部科学省通知「体罰の禁止及び児童生徒理解に基づく指導の徹底について」では、体罰が「児童生徒に力による解決への志向を助長させ、いじめや暴力行為などの連鎖を生む」と警告し、「体罰を厳しい指導として正当化することは誤り」との認識をもち、「望ましい人間関係の構築に留意」するように求めました。

また、いじめ対策では文部科学省通知による対応を見直し、同年6月にいじめ防止対策推進法を制定しました。いじめを「いじめを受けた児童等の教育を受ける権利を侵害」するものと捉え、その総合的対策の推進を求めました。

もっとも、これよりも前から体罰やいじめは社会問題となり、その都度、学校内での暴力を抑止する取り組みがなされてきました。しかし、体罰やいじめは繰り返し問題化しているのが現実です。その理由としては、暴力問題を起こした「犯人探し」と、その厳罰ばかりに意識が向き、体罰やいじめがなぜいけないことなのかを子どもたち自身が考えて、行動していく過程が抜け落ちていたからだと考えます。

とりわけ運動部活動では、勝利至上主義という名目の下、カリスマコーチの指導が神格化され、体罰は「愛の鞭（むち）」として認識されがちです。大学生を対象とした運動部活動での体罰を巡る意識調査でも、指導者との信頼関係があれば体罰で精神的に強くなるなど、体罰を肯定する意見があると報告されています[1]。

運動部活動での指導者による体罰の肯定は、そこに集う部員間で暴力を肯定する風土をつくり出し、時には主力選手を頂点とする部員内でのカースト（運動部活動カースト）を形成します。そして、これがいじめへと発展していく「暴力の連鎖」構造を生み出します。さらには、こうした運動部活動の風土が身体化された部員が将来指導者になった場合には、体罰による指導を繰り返す「負の連鎖」を生み出すリスクもあります。

それだけに、カリスマ指導者、カリスマ部員といった一部の層の声で部活動を運営する方向性を改めなければなりません。子どもたち自身が個々のプレイスタイルを尊重しながら、全員で目標を立て、子ども集団の自治として運動部活動を位置づけ直し、暴力による「負の連鎖」構造を「自治の連鎖」構造へと転換することが求められます[2]。

互いに尊重し合う関係性を育む修復的実践

当然ながら、運動部活動の場面だけで子どもの自治を育むことには限界があります。そこで次に、暴力関係を否定し、学校の教育活動のあらゆる場面で子どもが対話する関係性を育み、問題行動が生じた際も子どもたちが自治的に解決していく、修復的実践という取り組みに注目しましょう。

修復的実践とは、修復的司法（Restorative Justice）の原理に学び、いじめ、校内暴力などの問題の解決を巡り、被害生徒、加害生徒、問題に関係する生徒などの思いを確認しながら、相互の対話によって問題解決を図る取り組みです[3]。学校管理者が問題行動への処分を決める伝統的な懲戒に対し、修復的実践では、問題に関係する子どもたちが問題解決過程に「参加」し、自らの思いを「発言」する点が注目されています。

とはいえ、暴力問題が生じた際に自分の思いをいきなり発言し、周囲と対話を行うことには困難が伴います。そこで近年では、ホームルームや授業などでの話し合いの場面で、「互いに敬意をもって話すこと」「1人1人が平等に発言すること」「相手を非難せず、安全な環境のなかで話し合うこと」など、修復的司法の原理に即した話し合いのルールとスキルを学ぶことを基礎とし、そこで習得した話し合いによる問題解決スキルを、実際に生じた暴力問題の解決にも応用していく連続的な実践と考えられています（表4）。

表4　修復的実践の連続性（出典：文献3／p.56 を一部加筆）

問題の未然予防 ――――――――――――――――――→ 問題の事後対応

第１水準	第２水準	第３水準
学級活動において他者の意見を傾聴するスキル、対話を行うスキル、非暴力的な紛争解決スキルなどを学ぶ	軽微な問題行動の解決において、教師と特定の生徒の小規模な会議、学級会議、仲間調停（ピア・メディエーション）などを行う	重大な問題行動の解決において、司法領域のソーシャルワーカー、警察、保護者、地域住民など、学校外の第３者も加えて会議を行う

話し合いの司会進行役はファシリテーターと呼ばれ、対話参加者の意見を順に促します。そして、全員の意見を聞くなかで問題解決に向けた意見を集約し、参加者の共鳴を通じて学校コミュニティの関係性を強化していく、「フェアプロセス」を徹底します。

これは同時に、「発言の平等性」や「相手の意見を尊重する」などの教育価値を、具体的な話し合いの経験から身に付けることをねらいとしており、生徒それぞれがそうした教育価値に即して話し合いを進行するスキルを習得します。したがって、年度初めは主に教師がファシリテーターを担いますが、話し合いの経験を重ねていくにつれ、徐々に生徒自身もファシリテーターを担うスキルが身に付いていきます（表４の第2水準）。

暴力問題を巡る話し合いでも、日常で学んだ話し合いのルールを生かし、誰かを一方的に攻めることは避けます。「暴力問題で何が起こったのか」「暴力を起こしているときにどのように思っていたのか」「被害者や周囲に対してどのように思っているのか」など、「修復的な問いかけ」を活用しながら、今後、同じ問題が生じないように個々人が果たすべき責任を決定していきます。

運動部活動での修復的実践の応用

運動部活動を含め、体罰やいじめが繰り返し浮上している背景には、暴力問題への制裁ばかりに目が向き、自治的に問題を解決していく生徒文化が育まれてこなかったことが一因として考えられます。

運動部活動に即していえば、体罰やいじめが発覚した場合、体罰を行った教師の懲戒免職、いじめ加害生徒の出席停止あるいは大会出場停止処分などが典型的な対応です。しかし、これでは学校管理者が暴力問題の軽重に応じた相応の罰を下しているにすぎず、何が問題であったのかを、子どもたちが深く考える過程が抜け落ちてしまいます。

これに対して修復的実践では、「なぜ、自分たちの運動部活動中に暴力が生じたのか」「なぜ、体罰やいじめが生じたときに誰も止めなかったのか」「今後、同じ過ちを起こさないために、個々人が行うべきことは何か」など、問題解決を「他人任せ」にするのではなく、子どもたち自らが「自分事」として問題解決の過程に参加し、今後の暴力問題の予防を考えていきます。また、それぞれが平等に意見を発言しながら、個々の意見を尊重していく価値観は、スポーツマンシップの醸成にも連なっています。

したがって、一部の主力部員の声だけが尊重される風土を「自治の風土」に書き換え、部員それぞれの声を尊重するリーダーシップの育成にもつながることから、ファシリテーターは部長（キャプテンなど子どものリーダー）や副部長が担うのが効果的だと考えます。

ただし、相手にケガをさせるような深刻な暴力ケースでは、司法機関による暴力行為の事実認定が必要となります。この場合、警察や家庭裁判所などの外部機関と学校長、部活動の顧問、被害生徒、加害生徒、両者の担任教諭や保護者といった関係者が集い、問題の解決に向けて話し合う形となるため、部員たちが直接話し合いに参加することは、まれです（表4の第3水準）。

しかし、部員が自主的に集まり、「自分たちの部で暴力問題が生じたことをどのように感じたのか」を話し合って文書にまとめ、部員の思いを学校長などに提出し、警察や司法関係者に伝えてもらう間接的な話し合いへの参加は可能です。修復的実践では、さまざまな形で問題解決への子どもの参加を促していきます。

運動部活動におけるコンフリクトマネジメント

ところで、体罰やいじめなどの暴力問題の解決に際し、子どもたちによる自治的解決が求められるのはなぜでしょうか。それは、社会ではさまざまな「対立・揉め事（コンフリクト）」が存在しており、学校教育はこうした問題を解決するスキルを有する市民の育成が使命とされているからです。

犯罪学者のニルス・クリスティは、「財産としての紛争（Conflicts as Property）」という論文で、社会で生じるさまざまな対立を市民が解決していく過程は、よりよい社会づくりへと連なっているにもかかわらず、近代以降、紛争解決の過程は法律の専門家に奪われ、当事者が紛争解決過程からはじかれていると現状を指摘しました。

この考え方を学校場面にあてはめると、学校で生じる種々の「対立・揉め事」を解決していく過程こそ、子どもの自治を育んでいくチャンスであるにもかかわらず、これまでそのチャンスは学校・教師に奪われてきたといえます。

近年では、紛争解決の過程は人間が成長していく契機であるとの認識から、問題解決過程の意義を焦点化して「コンフリクトマネジメント」と称しています。修復的実践もまさに、暴力問題を克服していく過程に個人と集団の成長の契機を見いだし、「対立・揉め事」の解決スキルを育むことで、社会生活で求められる市民性を習得させるので、シティズンシップ教育として位置づけられています。

子どもの権利としての運動部活動

スポーツの語源には気晴らし、気分転換、遊びなどの意味が、またクラブの語源には自治の意味が含まれているといわれます[4]。本来ならば、体罰やいじめは運動部活動とは相いれないものです。ここで、子どもの成長・発達を支えていくガイドとして位置づけられる「子どもの権利条約」に注目すると、第31条に遊び・レクリエーション活動を行う権利と、文化的・芸術的な生活に参加する権利が示されています。スポーツやクラブの語源と照らし合わせれば、運動部活動は、子どもたちが楽しみながら文化的活動に参加する場の1つと考えられます。

当然、子どもたちが自主的に集う部活動でも、いじめやけんかなどの「揉め事」は生じ、それらはネガティブに捉えられがちです。しかし肝心なのは、指導者が事前に厳しい罰則を設けて「揉め事」を完全になくすことではなく、「揉め事」の解決過程に子どもたちが参加して、周囲の意見を聞きつつ、自らの考えも表明し、自治的に問題を解決できるようサポートしていくことです。言い換えれば、「揉め事」を子どもたちの「成長の糧」に組み替えていくことです。これは、同条約第12条の子どもの意見表明権の保障にも連なります。

修復的実践にも学びつつ、子どもたちが成長・発達していく権利の保障の場として、運動部活動を自治集団活動に位置づけ直していくことが必要だと考えます。

【引用・参考文献】
1）入澤充『スポーツ活動中体罰のスポーツ法・教育法的分析』日本教育学会年報44号／2015／108ページ
2）神谷拓『生徒が自分たちで強くなる部活動指導―「体罰」「強制」に頼らない新しい部活づくり』明治図書／2016／70～72、84～85ページ
3）竹原幸太『教育と修復的正義―学校における修復的実践へ』成文堂／2018
4）2）に同じ。32ページ

［授業のまとめ］

●運動部活動における修復的実践の応用

×暴力問題への制裁ばかりに目が向く（教師の懲戒免職、加害生徒の出席停止や大会出場停止）
⬇根本的な問題に対する思考の欠落

○子どもたちが「自分事」として問題解決の過程に参加し、予防に努める
⬇平等な発言権、個々の意見を尊重する価値観によるスポーツマンシップの醸成

※ただし、深刻な暴力ケースでは司法機関による暴力行為の事実認定、外部機関と関係者との話し合いが必要になる

安倍 大輔
白梅学園大学子ども学部 准教授

13時限目 スポーツ社会学（スポーツ政策）

運動部活動を学校と地域で育てる

――スコットランドのアクティブ・スクールの事例から学ぶ

運動部活動の地域移譲を巡る動き

私の専門領域はスポーツ社会学です。これまでに、スポーツ少年団に代表される地域の子どものスポーツ活動や、諸外国の子どものスポーツ政策について研究してきました。この授業も、それらの観点から、学校の運動部活動と地域との関係についてお話ししていきます。

現実問題として、学校の運動部活動と地域との関係が問われている状況にあります。2017年12月、文部科学省は「学校における働き方改革に関する緊急対策」（以下、「緊急対策」）を発表しました。

「緊急対策」では、運動部活動の顧問について、「教師の勤務負担の軽減や生徒への適切な部活動指導の観点から、（中略）学校職員として部活動の実技指導等を行う部活動指導員や外部人材を積極的に参画させるよう促す」とし、さらに「将来的には、（中略）地域で部活動に代わり得る質の高い活動の機会を確保できる十分な体制を整える取組を進め、環境が整った上で、部活動を学校単位の取組から地域単位の取組にし、学校以外が担うことも検討する」（傍線部引用者）と述べられています。つまり、顧問をしている教員の負担軽減のために、部活動指導員を活用するにとどまらず、将来的には運動部活動を学校から地域へ移譲することが視野に入れられているのです。

歴史的に見れば、運動部活動の地域への移譲はこれまでにもたびたび議論されてきました。こうした運動部活動の指導者の問題や、地域スポーツとの関わり方については、日本のみならず、先進諸国に共通する課題といえます。そこで本授業では、地域と学校が共同しながら、子どもたちにスポーツをする機会を提供する「アクティブ・スクール」（Active School／以下、AS）を実施しているスコットランドを取り上げ、日本の地域移譲に関わる論点を示したいと思います[1]。

ASの目的と予算

私たちが普段、「イギリス」または「英国」と呼んでいる国の正式名称は「United Kingdom of Great Britain and Northern Ireland」（グレート・ブリテン及び北部アイルランド連合王国）で、「イングランド（England）」「スコットランド（Scotland）」「ウェールズ（Wales）」「北アイルランド（Northern Ireland）」の4つの連合王国です。そのひとつであるスコットランドは人口約530万人、面積は約7万9000平方キロメートルであり、人口と面積は北海道に近いといえます（北海道は人口約540万人、面積8万3400平方キロメートル）。

スコットランドでスポーツを管轄する行政組織が、スポーツ・スコットランド（sportscotland）です。この組織は「すべてのレベルにおいて世界クラスのスポーツ・システムを発展させ、サポートすること」を目的とし、①学校と教育（SCHOOLS & EDUCATION）、②人材（PEOPLE）、③クラブと地域（CLUBS & COMMUNITIES）、④施設（PLACES）、⑤高度化（PERFORMANCE SPORT）、⑥評判・注目度（PROFILE）の6つの活動の柱を掲げています。これらの柱のなかで、①の中心となるのがASです。

ASは2001〜2003年の試験的プログラムを経て、2004年から本格的に開始された政策です[2]。その目的は、「児童・生徒により多くの、より質の高いスポーツや身体活動への参加機会を提供すること」「学校スポーツからクラブスポーツ（＝地域スポーツ）への移行を支援し、生涯にわたるスポーツへの参加を促すこと」とされ、毎年1250万ポンド（1ポンド＝150円で換算すると約18億7500万円）の予算が投入されています。なお、2016年度のスポーツ・スコットランド全体の予算は7271万7576ポンド（約109億7663万円）で、AS関連の予算はそのうちの約17パーセントになります[3]。

ここで注目すべきなのは、日本のように学校スポーツ活動の管理や責任を地域に委譲しようとしているのではなく、学校スポーツから地域スポーツ活動への移行、すなわちスムーズな接続が志向されていることです。

ＡＳの運営と担い手

次に、ＡＳの運営方法とその担い手に注目しましょう。スコットランドには、32の行政区(council area)があり、そのすべてにＡＳが位置づけられています。そして各ＡＳには、アクティブ・スクール・マネジャー（Active School Manager）が配置され、そのマネジャーをアクティブ・スクール・コーディネーター（Active School Coordinator）が支える構造になっています。コーディネーターの数は、スコットランド全体で４３０名を超えています。

マネジャーは初等教育学校と中等教育学校、そしてコミュニティ全体において、取り組みの監督、調整、実施をリードし、コーディネーターのプログラムの実施を直接的に管理し、取り組みの評価及び監督を行います。

コーディネーターは、初等教育学校ではそれぞれの小学校において、スポーツや遊びなどを組み合わせながら、子どもたちが定期的に安全で楽しい活動に参加できるような機会を新たに提供したり、既存の活動を援助したりします。また校長と連携し、ASを学校全体に位置づけるようにします。そしてASの初等教育学校段階での監督や、報告の責任を有します。

中等教育学校においても、カリキュラムの内外において生徒が定期的に運動・スポーツに参加できるような機会を新たに提供したり、既存の活動を支援したりします。さらに、地域の初等教育学校やスポーツクラブとの連携を強化し、生徒に対してコーチやボランティアの機会を提供しながら、新たなコーチやボランティアの発掘や援助を行うとともに、生徒をコーチやリーダーに育てる取り組みも行っています[4]。

ASの開始当初は、体育教師がコーディネーターになることが想定されていましたが、現在は「教育現場、地域活動、スポーツ、レジャー、レクリエーションといった分野で、子どもや若者のスポーツや身体活動に従事した経験があること」「学位を有していること」といった条件で公募されています[5]。

そして地域レベルでは、スクール・クラスター(school cluster)と呼ばれる学校区(通常は1つの中等教育学校とそれに関連するすべての初等教育学校)ごとに、コーディネーターと主にボランティアで活動している〝Deliverer〟たち(一部有償で活動している人もいる)によ

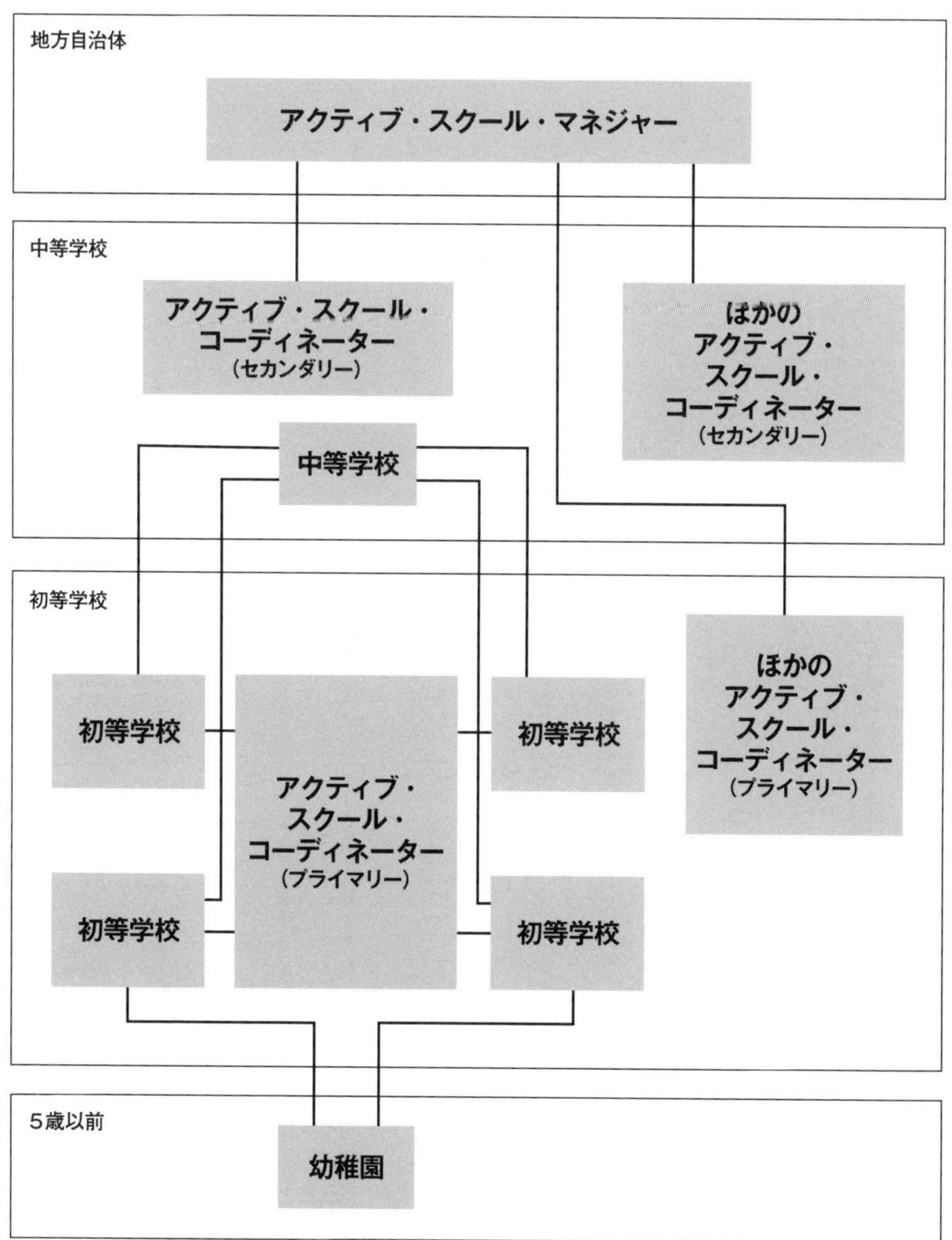

図3 アクティブ・スクールのネットワーク構造
sportscotland, Evaluation of sportscotland investment in Active Schools Brief for Tender v4, 2004 より作成

って、アクティブ・スクール・チーム（Active School Teams）を構成しています。このチームによって、学校の昼休みや放課後に、子どもたちがスポーツをする機会を増やしたり、体育の授業と連携した活動を行ったりしながら、学校と地域スポーツクラブとをつなぐ取り組みなどを行っているのです（図3）。

例えばフォルカーク（Falkirk）地区では、地元のバスケットボールクラブと連携して、初等教育学校の児童がクラブのジュニア部門に参加できるようにしたり、中等教育学校のクラブにコーチを派遣したりする取り組みを行っています[6]。

さまざまな人たちがDelivererとして参加しており、最も多いのは体育教師、そのほかの教師、学校職員といった学校関係者です。また、保護者やスポーツクラブのコーチに加え、生徒や学生も参加しています（表5、図4）。なぜなら、ASでは〝Competition Organiser Training〟（競技大会を組織するトレーニング）が行われ、中等教育学校の14歳以上の生徒が自分たちで競技大会を計画し、安全に楽しく、公正に実施するという取り組みもされているからです。また、スポーツコーチの資格を取るコースや、地域のスポーツリーダーのコースで学んでいる生徒が、プログラムの手伝いをしている事例もあります。

このように、生徒がASの活動に参加することで、主体的にスポーツ活動に関わる能力を

表5　2016～17年のDelivererの人数と内訳

	有償	ボランティア	合計
体育以外の教師	199	4616	4815
体育教師	101	1599	1700
その他の学校職員	81	767	848
（教職員合計）	(381)	(6982)	(7363)
生徒	38	5540	5578
保護者	16	2694	2710
プロのコーチ	1340	207	1547
クラブのコーチ	885	1560	2445
学生	112	1647	1759
スポーツ部門の職員	128	0	128
その他	68	1603	1671
合計	2968	20233	23201

sportscotland, Active Schools Report:2016-2017, 2017 より作成

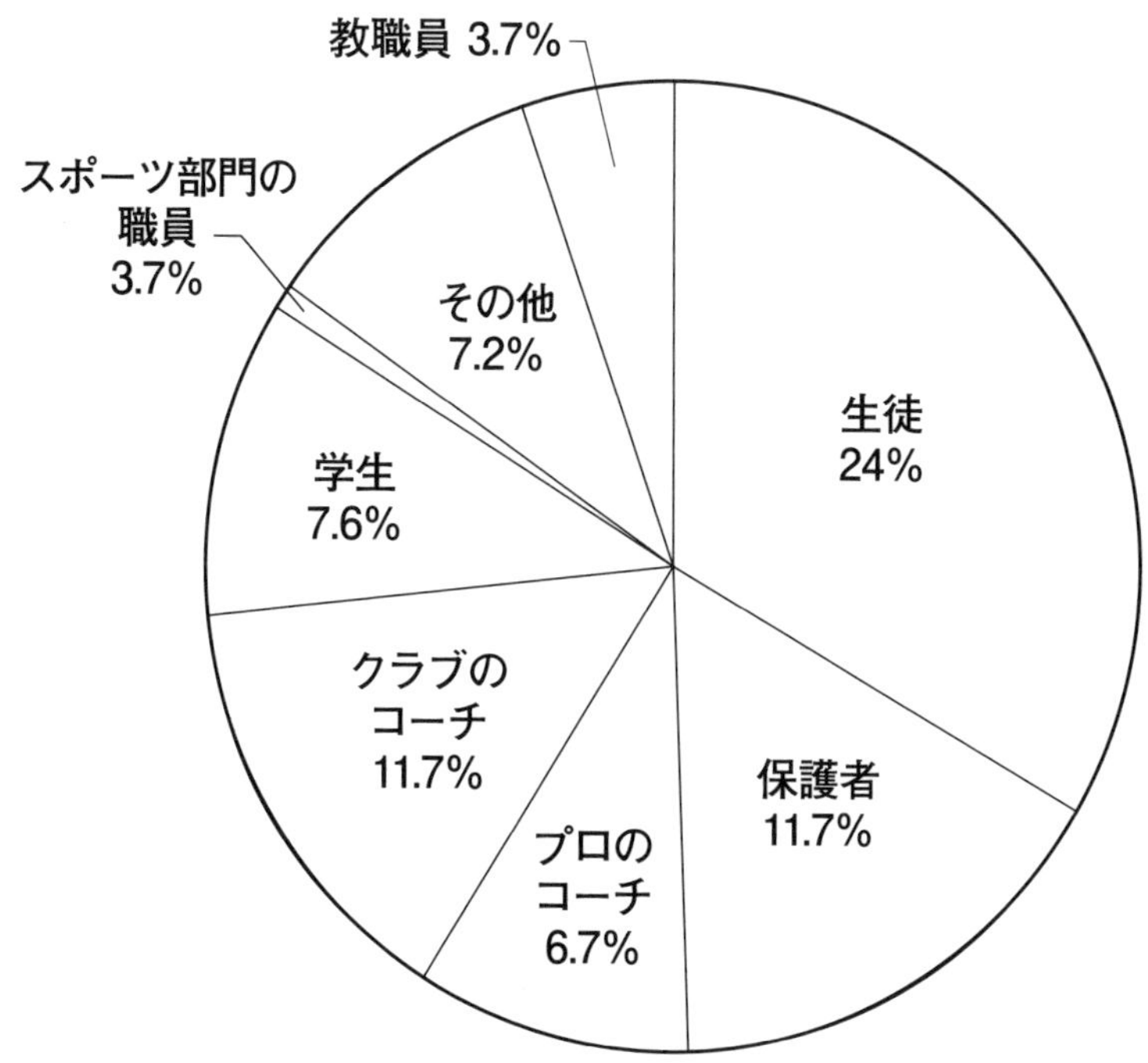

図4　Delivererの割合（%）
sportscotland, Active Schools Report:2016-2017, 2017 より作成

身に付け、将来のコーディネーターやDelivererを育成していくねらいもあります。つまり、子どもはASの恩恵を受けるだけでなく、その担い手としても位置づけられているのです。このような論点は、日本の部活動政策に見ることができません。

ASの成果として、2016~2017年には29万4000人の児童・生徒、延べ人数では680万人がプログラムに参加しています。これは平均で児童・生徒1人あたりの平均で、1年間に23回参加したことになります。また、100以上の異なるスポーツや身体活動で3万7000のプログラムが提供され、2700の学校と地域スポーツクラブが連携しています[7]。生涯スポーツという理念は、日本とスコットランドとの間に違いはありませんので、私たちは改めてASの成果に注目する必要があるのではないでしょうか。

「学校か地域か」ではなく「学校と地域で」

これまで見てきたスコットランドのASの取り組みは、日本の部活指導員制度のように、単に技術指導が苦手な教員のサポートや、多忙な教員に代わって指導するというものではありません。学校の運動部活動と地域スポーツとが連携し、多様な場で子どもたちにスポーツ活動の機会を提供するとともに、将来は地域でスポーツを行うことを期待する生涯スポーツが意識されています。その際にはコーディネーターが中心となり、スポーツコーチのみならず学校関係者も関わりながら、子どもたちのスポーツ活動を支えています。

もちろん日本とスコットランドとでは、スポーツをする風土や歴史が異なります。とりわけ現状の日本では、誰もが気軽に地域でスポーツ活動を行う条件が十分に整っていない点で相違があります。しかしそのような状況だからこそ、運動部活動を地域に移譲することは、学校でスポーツをする権利や責任を学外に放り出すのと等しく、政策としてはあまりに無責任といわざるを得ないでしょう。

将来的に、日本で地域スポーツが普及したとしても、「学校か地域か」という二元論ではなく、ASのように学校と地域とが連携しながらネットワークを形成して、子どもたちが運動やスポーツを楽しむことができる環境を、社会全体で整える必要があるのではないでしょうか。

またASでは、プログラムへの参加を通じて、子どもたちが主体的に競技大会の企画や運営を行い、プログラムの手伝いをしていました。それは本書で重視されている、運動部活動の自治という点から見ても注目されます。

1時限目の授業で神谷氏は、運動部活動で生じる課題を構造的なモデルで把握しています。彼がこのモデルを作成する上で参照している内海和雄は、スポーツ活動のための諸条件の整備を「ソシアルワーク」と呼び、クラブのメンバーが関わることを視野に入れています[8]。このような研究成果を踏まえれば、生涯スポーツに向けて運動部活動を充実させていく上で、子どもを単にサービスの受け手として捉えるのではなく、担い手として位置づけ、大会の運営などのソシアルワークに関わらせていくことも大切ではないでしょうか。

【引用・参考文献】

1）なお、本稿は内海和雄の論文及び著作から学んだ点が多い。内海は早くからイギリスの運動部活動に着目しており、コーディネーター制度についても研究している。内海のイギリスの運動部活動に関する主な研究には、以下のものがある。
・『部活動改革―生徒主体への道―』不昧堂出版／1998
・『イギリスのスポーツ・フォーオール―福祉国家のスポーツ政策―』不昧堂出版／2003
2）アクティブ・スクールの試験的プログラムやそれが導入された背景については、安倍大輔『スコットランドの子どもスポーツ政策についての一考察―「アクティブ・スクール計画」を中心に―』尚美学園大学総合政策学部／総合政策研究紀要第10号／2005／13～25ページを参照
3）sportscotland. 2016. National Lottery Distribution Fund. 7
4）sportscotland. 2003. Widening Opportunities Active Schools Project Staffing Network : Roles and Responsibilities
5）例えばアバディーン(Aberdeen)で募集されたコーディネーターでは、賃金は年間で2万6839ポンド(1ポンド=150円で換算すると約402万円)だった。http://sportscotland.org.uk/jobs/vacancies/active-schools-coordinator-x-2-sport-aberdeen (最終アクセス2017年5月17日)
6）sportscotland. 2014. Active Schools Evaluation . 38
7）https://sportscotland.org.uk/schools/active-schools/active-schools-report-2016-2017/ (最終アクセス2018年1月25日)
8）内海和雄『スポーツの公共性と主体形成』不昧堂出版／1989／180～184ページ

POINT

［授業のまとめ］

地域と学校が共同してスポーツ機会を与えるASがもたらすもの

・学校スポーツから地域スポーツへのスムーズな活動の移行、接続
・生徒が主体的にスポーツ活動に関わる能力を身に付けるだけでなく、将来的にはその担い手としても位置づけられること
・生涯スポーツへの発展

住友 剛
京都精華大学人文学部 教授

14時限目 教育学

運動部活動において「子どもの声を聴く」ということ

――子どもの権利、そして「指導死」問題をめぐって

なぜ今「子どもの声を聴く」ことにこだわるのか

私の専門領域は教育学です。これまでに、子どもが亡くなるような事件・事故・災害と向き合ってきました。そのような立場から、今回の授業のタイトルは、『運動部活動において「子どもの声を聴く」ということ』としました。このタイトルには、次の2つの点で私のこだわりが表れています。

1点目は、運動部活動を含む部活動全般に関する、「子どもの権利保障」の視点からのこだわりです。日本も批准している国際条約に、子どもの権利条約（児童の権利に関する条約）があります。その条約のなかでも特に、「意見表明権」の保障という視点に立って、「子どもの声を聴く」形で進める部活動は、「子どもの試行錯誤を大事にする」部活動であり、本書を通じて明らかにしたい「教師・指導者のサポートを得ながら、子どもたち自身で運営していく活動」の基本になるものではないかと考えます。

2点目は、「指導死」や「熱中症死亡事故」など、近年マスメディアで大きく取り上げられている、運動部活動中の重大事故・事件を巡る諸問題との関連からのこだわりです。

それでは、1点目から順に、運動部活動において「子どもの声を聴く」ことへの、私のこだわりを述べていきたいと思います。

「子どもの権利保障」の視点から見た運動部活動

まず、1点目の「子どもの権利保障」の視点から、運動部活動の運営の在り方について考えてみましょう。なお、以下に述べることは運動部活動を例として語っていますが、その内容の多くは、例えば吹奏楽や合唱、演劇、そのほかさまざまな「文化系」の部活動にもあてはまることを先にお断りしておきます。

例えば、子どもの権利条約第12条では、「締約国は、自己の見解をまとめる力のある子どもに対して、その子どもに影響を与えるすべての事柄について自由に自己の見解を表明する権利を保障する。その際、子どもの見解が、その年齢及び成熟に従い、正当に重視される」（国際教育法研究会訳）と定められています。いわゆる子どもの「意見表明権」の規定が、この第12条の条文です。

「意見表明権」の趣旨に即して考えるならば、当然ながら運動部活動の各場面においても、子どもたちが指導者に対してさまざまな意見を発する権利が保障されます。それと同時に、表明された意見を指導者が「その年齢及び成熟に従い、正当に重視」すべきだということになります。日頃の部活動運営のなかで常に何かと子どもたちの意見を聴きつつ、その意見の中身に応じて、教師及び指導者として適切に運営の在り方を修正していくこと——まずは「意見表明権」を尊重した部活動運営の在り方として、このような対応が求められるのではないでしょうか。

このほか、子どもの権利条約の視点で見た場合、学校生活のなかでスポーツや音楽などのさまざまな「文化的・芸術的生活」への参加の権利（第31条）を保障する場として、部活動を捉えることもできます。また、練習の休養日の設定などは、同じく第31条の「休息・余暇」の権利保障の観点から位置づけることができます。

これに加えて、仮に今ある部活動以外に「新しい部活動をつくりたい」と子どもが訴えてきたとしたら、「結社・集会の自由」（第15条）の観点から、各校ではその部活動をどのように位置づけていくのでしょうか。あるいは、例えば在日外国人や障がいがあるなどといったマイノリティの子どもが、各校の部活動にどのような形で参加していくのかも、「差別の禁止」（第2条）などの観点から重要なテーマかと思います。

そのほかにもさまざまなテーマが思い浮かびますが、このように子どもの権利条約の各条文を手がかりに、部活動の在り方を考えることは、従来の各校での取り組みをより豊かなものにすることへと結びつくのではないかと、私は考えています。

実際に「外部指導者」だった私の経験から

では、実際の運動部活動、ここでは野球部の運営場面を想定して、部活動における「意見表明権の保障」の在り方を考えてみましょう。

実は、私は1990年代後半の4年間、大学院博士課程に在籍しながら、大阪府内のある公立高校定時制の非常勤講師（地歴・公民担当）をしていました。また、その公立高校定時制で、部活動顧問のベテラン教員とペアを組み、運動部活動の「外部指導者」として、野球部の指導に関わっていました。以下、S高定野球部とします。

その当時のS高定野球部では、キャプテンを中心に部員たちで公式戦に向けた練習計画を立て、ポジションや打順を決め、日々の練習に取り組んでいました。具体的に、誰が投手・捕手をして誰が内野・外野を守るのか、誰が何番の打順なのか、誰がベンチで控えるのか、あるいは大会前は週何日間練習して、オフをどこに入れるのか、練習日の守備練習の内容はどのように設定するのかといったことは基本的に、キャプテンを中心に部員たちで話し合い、そこで決まったことを軸に運営していました。

もちろん顧問も私もそれぞれ、ミーティング場面や毎日の練習終了後の振り返りの場面などで、「もう少し練習メニューにこのような工夫がいるのではないか」などの意見は言います。また、S高定野球部は部員数が少なく、昼間の仕事と夜の学習、そして野球部の活動の3つでバランスをとる必要があったため、私は特に「ケガを防ぐ」ことに気を使い、さまざまな注意をすることがありました。

ちなみに当時の私は、まだ20代後半で元気だったというだけで、本格的な野球経験はありませんでした。ですから、大学院での研究の合間に、スポーツ障害・外傷の防止などに関する文献を読んで勉強していた次第です。

当然ながら、S高定野球部にもさまざまな問題が生じました。例えば、それぞれに昼間は仕事をしているため、なかなか部員のスケジュールが合わず、大会前でもメンバーが集まらずに全体での練習が成立しない時期がある、部員間で練習内容などを巡って意見が合わない時期がある、キャプテンにほかの部員がついていけないことがある、などが挙げられます。

その都度、顧問や私が関わり「立て直し」を図りますが、それでも基本は、キャプテンを中心に部員たちが「自分たちで話し合って決める」のが、当時のS高定野球部の運営の軸であることに変わりはありませんでした。

S高定野球部のように、各学校の状況に応じて、1人1人の子どもの意見を軸に、その子どもたち同士の意見を重ね合わせつつ、子どもに任せてもいいところは任せながら運営する運動部活動は、当然ながら子どもの失敗や試行錯誤をそれ相応に伴います。しかしながら、子どもの権利条約でいうところの「意見表明権」の保障の観点からすれば、そのような試行錯誤や失敗をも含む形で運動部活動が運営されることこそ適切であり、これこそが「子どもたちの自治的な諸活動」ということになるわけです。

また、子どもの「意見表明権」の保障は、教師・指導者が子どもたちに「何も言わない」ことを意味するのではありません。むしろ、その子どもたちの「試行錯誤や失敗」を含む諸経験に対して、「次に失敗しないためには、どうすればいいか」「もっとうまくする方法があるのではないか」と提案・助言してみるなど、常に「大人の目」で適切なケア・サポートを行っていくことが含まれています。

なお、私が関わっていた頃のS高定野球部には、野球未経験の障がいのある生徒が入部していた時期があり、ほかの部員がバットの握り方やボールの投げ方など、すべて教えていました。先述した「マイノリティの子どもの権利」に関わる部活動運営の取り組みです。私としては、スポーツ系・文化系に関係なく、部活動は学校における多様な子どものインクルージョン、つまり「共生」を推進する重要な一場面になり得ることを忘れないでほしいと思います。

子どもの「最後の訴え」を聴き逃さないために

続いて、2点目の話として、私がこれまでに関わってきた学校での重大事故・事件の調査・検証作業や、学校事故・事件の被害者家族・遺族支援の諸問題との関連から、「子どもの声を聴くこと」の重要性を論じたいと思います。

まず、本稿のサブタイトルにある「指導死」は、学校で我が子を亡くした遺族の側から提起された概念であり、基本的には次のように定義されています[1]。

①一般に「指導」と考えられている教員の行為により、子どもが精神的あるいは肉体的に

追い詰められ、自殺すること。

②指導方法として妥当性を欠くと思われるものでも、学校で一般的に行われている行為であれば「指導」と捉える（些細な行為による停学、連帯責任、長時間の事情聴取・事実確認など）。

③自殺の原因が「指導そのもの」や「指導がきっかけとなった」と想定できるもの（指導から自殺までの時間が短い場合や、ほの要因を見いだすことが極めて困難なもの）。

④暴力を用いた「指導」が日本では少なくない。本来「暴行・傷害」と考えるべきだが、これによる自殺を広義による「指導死」と捉える場合もある。

例えば、2012年の年末に起きた、大阪市立桜宮高校バスケットボール部主将の自殺事件[2]のように、運動部活動における顧問の暴力・暴言などを苦に子どもが自殺するケースなどは、まさにこの「指導死」の1つの事例と考えられます。

また、私はこれまでに学校で子どもが亡くなる重大事故の調査・検証作業に関わってきましたが、そのなかには兵庫県川西市で起きた中学校ラグビー部での熱中症死亡事故[3]があります。この事故は、早朝練習中の練習態度がよくないことから、顧問が部員たちに繰り返し

「ペナルティ」としてランニングを科すなかで起きました。亡くなった子どもは倒れる寸前に「足が痛い」と訴えましたが、顧問は「演技するな」と言ってとりあわず、倒れた後もしばらく手当てをせずに放置していました。

このような「指導死」や「熱中症死亡事故」の事例からうかがえるのは、運動部活動の指導者の対応のなかには、子どもの側の「最後の訴え」に耳を傾けることなく、さらに「厳しい指導」を強いて、亡くなる方向に追い込んでしまうケースが「ある」ことです。子どもが、ぎりぎりまで追い込まれた状況のなかで、「助けてほしい」と訴えている声すら聴くことのできない運動部活動の「指導」の在り方が、今日、遺族側からの切実な問題提起を通して厳しく問われていると思います。

常に教師・指導者の子ども理解の在り方などを問い直す

今後、「指導死」や「熱中症死亡事故」などを運動部活動において防いでいくためにも、常に教師・指導者が繰り返し「子どもの声を聴く」こと、また「声を聴く」教師・指導者側の子ども理解や感受性の在り方、そして日頃の部活動運営の在り方を問い直していくことが、必要不可欠な作業となるでしょう。なぜなら、「もうこれ以上、頑張れない」という子どもの訴えは、日頃の部活動運営のなかで、その子どもが心身ともにぎりぎりまで追い詰められた結果、出されたものかもしれないわけですから。

また、教師・指導者が子どもを過剰な「指導」で追い詰め、「指導死」の起こりやすい部活動にならないためにも、1点目で述べたように、「意見表明権」を軸とした「子どもの権利保障」の視点で、日頃の部活動運営の在り方を点検し、必要な修正を常時行うことが大切になります。なお、スポーツに取り組む子どもの権利保障については、次回の授業を担当する田村公江先生（龍谷大学）のお話が参考になるでしょう。

【引用・参考文献】
1）大貫隆志『「指導死」』高文研／2013／4ページ
2）この事件については、島沢優子『桜宮高校バスケット部体罰事件の真実』（朝日新聞出版、2014）を参照
3）この事故については、宮脇勝哉・宮脇啓子『先生はぼくらを守らない』（エピック、2004）を参照

［授業のまとめ］

「子どもの声を聴く」ことの重要性

①「子どもの権利保障」の視点から

・子どもたちが指導者に対して、さまざまな意見を発する権利の保障（同時に、指導者が子どもたちの意見を聴きつつ、その意見の中身に応じて、教師及び指導者として適切に運営の在り方を修正していくこと）

・学校生活のなかで、スポーツや音楽などの文化的・芸術的生活に参加する権利の保障

・休息・余暇の権利の保障に伴う、練習の休養日の設定

・「新しい部活動をつくりたい」と子どもが訴えてきた際の、結社・集会の自由の観点に伴う各校の対応

・差別禁止の観点から、在日外国人や障がいのある子どもの部活動参加の検討など

②運動部活動中の重大事故・事件を巡る諸問題との関連から

・運動部活動の指導者の対応のなかには、子ども側の「最後の訴え」に耳を傾けることなく、さらに「厳しい指導」を強いて、亡くなる方向に追い込んでしまうケースがあること

・子どもが、ぎりぎりまで追い込まれた状況のなかで、「助けてほしい」と訴えている声すら聴くことのできない、運動部活動の指導の在り方への問題提起

田村 公江
龍谷大学社会学部 教授

15時限目 倫理学

子どもに権利意識をもたせよう
──「若いアスリートのための権利の章典」のススメ

スポーツ弱者の観点から

実は、私はスポーツに親しんだことがありません。身体を動かすことが苦手な、とても不器用な子どもだったので、小・中・高の体育の授業は、どちらかというとつらい時間でした。体育の先生に教えられた通りにボールを投げても、なぜか2～3メートルほどしか飛ばないし、球技ではエラーばかりです。私にとって球技の試合は、チームの仲間に謝り続ける時間でした（もちろん、ほとんどの人が快く許してくれましたが）。

また、複数の人の動きを見ながら反射的に動くことができない（真剣に努力しても、どうしてもできません）ので、パスを回したりブロックしたりすることも、全くできませんでした。さらにいうと、「勝ちたい」という気持ちがそもそも希薄なので、どうして一生懸命に試合を頑張らなければならないのか、よくわからなかったのです。

体育・スポーツ分野の専門家にとって、身体を動かすのは楽しいことであり、子どもが少し練習すれば運動能力が向上するのは、当たり前のことかもしれません。しかし、その〝当たり前〟が通用しない子どもも存在するわけです。

「運動部活動は子どもが主人公の自治集団活動である」という共通認識の下、いろいろな専門分野の人たちが語るというこの授業において、私はスポーツが苦手な子ども、いわばスポーツ弱者にとっても運動部活動が「子どもが主人公の自治集団活動」であり得るか、という観点から考えたいと思います。

倫理学とは

私の専門は、倫理学です。倫理学とは哲学（フィロソフィー）の一部門です。そのため、倫理学とは何かをいうには、哲学とは何かを説明しなければなりません。

哲学とは、語源的にいえば「知を愛すること」です。哲学的な知の探究は、「そもそも、～とはどういうことなのか」との問いかけ、言い換えれば「～」の概念についての根本的な問いかけに始まります。つまり、単なる情報収集ではなく、探求の対象である概念を解きほぐし、論理的な議論を重ねて、体系的に理解することをめざします。

では、このような哲学の一部門である倫理学が探究するのは、なんでしょうか。それは「人間の生き方」です。倫理学とは、「人間の生き方」について哲学的に探究する学問なのです。

ここでのポイントは、「人間」という生き物が、ほかの生き物とは違って「自由」と「言葉」をもっているということです。人間は、何をするか、どのようにするかを自分で決めることができます。また、人間は言葉を使って考えることができます。だからこそ、どのように生きるべきかを問う学問が成り立つのです。

倫理学の2大テーマは、善く生きる、善い人間になるという「善」を巡るものと、ものの分け方やルールの決め方を公平にしなければならないという「正義」を巡るものです。では、部活動にいて倫理学的に考察する際、「善」と「正義」を追求するためには、どのような概念が手がかりとなるでしょうか。私は「人権」という概念と「対話」という概念だと思います。スポーツが苦手な子ども、スポーツ弱者にとっても、運動部活動が人間的成長の場であり得るためには、「人権」が守られなければなりませんし、「対話」の場に受け入れられなければならないからです。

「人権」について

「人権」という概念について、簡単にまとめてみましょう。身分制社会の「特権階級」に対して、

「人は皆、生まれながらに人間らしく生きる権利をもっているはずだ」という抗議運動（これが近代市民革命です）が起こり、この運動から「人権」という概念が世の中に広がりました。「人権」という概念が生まれた当初は、「人権」の持ち主は白人で、男性で、財力のある人、つまり社会的強者に限定されていました。しかし、「人権」の意味は「人は皆」であるはずですから、「人権」という概念は、社会的弱者が差別や排除に抗議する際のよりどころとなっていったのです。

こうして人種差別、女性差別、障がい者差別が克服されていきました（まだその途上ですが）。子どもの権利はそのなかで、近年ようやく承認されるに至りました。1989年に第44回国連総会で採択された「子どもの権利条約」を、日本は1994年に批准しています。子どもの権利という概念は、大人に対して弱い立場にいる子どもにも人間としての尊厳があり、子どもも大人と同様、人間らしく生きる権利をもっていることを示しています。

ところで、人権について学生と討論していると、「人々の間には、もって生まれた才能の違いや、育つ環境の違いがあり、平等には程遠い。人権という言葉はキレイゴトにすぎない」という意見が出てくることがあります。この意見に対しては、「人は皆、人権をもつというのは、尊厳が同じ、基本的人権（自由権、社会権、参政権）が保障されている点が同じ、ということです」と解説しますが、学生の側には何か違和感が残ります。さらに聞いてみると、「人権は差別を許さないという思想のはずなのに、社会には不公平がまかり通っている」ことに、違和感を抱いているようなのです。

では、この違和感には、どのように答えるべきでしょうか。私は、不公平があると感じたときには文句を言ってもいい、それが、「権利がある」ということだと答えたいと思います。もちろん、文句を言ったら思い通りになるというほど、世の中は単純ではありません。けれども、少なくとも文句を言ってもいいはずです。「人権」という言葉への違和感は、不公平があるのに文句も言えない、というところから来ているのではないでしょうか。

ここに表れているのは、「権利意識」の欠如です。大人たちは人権について教えるとき、「差別はいけない」という教えとセットにして、「納得できないことがあったら文句を言ってもいい」というメッセージも伝えるべきなのです。

対話

さて、「文句を言ってもいい」というからには、「文句を受け止める」ことが必要になります。

しかし、上下関係、支配と服従の関係においては、当たり前のように文句を言い、当たり前のように文句を受け止める関係は成り立ちません。

ここで注意しておきたいのは、上下関係が大人と子どもの間だけでなく、子どもと子どもの間にも発生することです。いじめやスクールカーストといった現象は、学級という閉鎖的環境内の力関係から発生します。

大学生に中学・高校時代について聞くと、「いつも周りに合わせなければならない」「自分に割りあてられたキャラ通りに振る舞わなければならない」といった、同調圧力の話がよく出てきます。友達と仲良く活発に行動している子が「よい子」であり、1人でいる子は「ぼっち」と蔑(さげす)まれます。「ぼっち」と思われたくないから、いつも誰かと一緒にいるという話もあり、友達至上主義といえるほどです。ちなみに、大学に入ると固定の学級がないので、同調圧力から徐々に解放されていきますが、周りの目を気にする習慣はなかなか抜けないようです。

ゼミで討論をする際、私は学生たちと「何を言ってもいい」「考えを変えてもいい」「人の話を遮(さえぎ)らないで最後まで聞く」「この人はこういう人だ、と決めつけない」と約束することにしています。これらは討論に参加する人全員が、安心して言いたいことを言えるための約束事です。

「若いアスリートのための権利の章典」

「文句を言ってもいい」「文句を言ったら、受け止めてもらえる」ことを、運動部活動の場で具体化するには、スポーツをする子どもたちがどのような権利をもっているかという、権利のリストがあると便利です。そのリストとして、「若いアスリートのための権利の章典」をお勧めします。

この章典は、1979年にアメリカで作られた冊子『子どものスポーツのためのガイドライン』(写真1)に収録されているもので、10の権利(表6)から構成されています。これらは運動部活動において、大人が子どもに「保障しなければならないこと」のリストです。つまり、もし欠けていたら、子どもが「文句を言っていい」ことのリストなのです。

1番目に「スポーツに参加する権利」が位置づいているのは、とても印象的です。「参加する権利」には「参加しない権利」も含まれるので、運動部活動が強制である場合、子どもは文句を言ってもいいことになります。強制のあるところに自治は育ちませんから、何より

写真1
冊子『子どものスポーツのためのガイドライン』

表6　若いアスリートのための権利の章典

①スポーツに参加する権利（不器用な子どもにも参加する権利がある。参加する権利にはスポーツをしない権利、種目や競技の強度を選択する権利も含まれる）

②自分の成熟度と能力に釣り合ったレベルでスポーツに参加する権利

③適格性のある成人の指導者をもつ権利

④成人としてではなく子どもとしてプレイする権利（大人は、過度な期待をかけたり、大人並みの自制心で感情を抑制したりすることを要求してはならない）

⑤スポーツに参加する際、指導方針や意思決定に参画する権利

⑥安全で健康的な環境においてスポーツに参加する権利

⑦スポーツに参加するために適切な準備をする権利（安全に楽しくスポーツをするために最低限必要なスキルを身に付けること、また、現実的なゴールを設定するように助けられることも必要）

⑧成功を目指して努力する機会を等しくもつ権利（成功とは勝つことではなく、自分の潜在能力の発展に向けての努力）

⑨尊厳をもって扱われる権利

⑩スポーツを楽しむ権利

もまず、参加するかしないかを子どもが決めることが必要です。

日本の運動部活動は年間を通して、そして在学中を通して、1つの部活（つまり1つの競技種目）に参加するようになっています。また、いったん部活に入ったら「やめる」ことが難しいようです。たとえレギュラーになる見込みがなくても、さまざまな理由で部活動がつらくなってきても、最後まで続けることが求められがちです。ほかの部活動に移る機会もあまり用意されていません。学校には、クラス替えという仕組みはあっても、部活替えという仕組みはないのです。こうした部活の「常識」を一度疑ってみるためにも、1番目の権利は参考になります。

2番目と7番目の権利は、スポーツ弱者には特に重要です。公式戦のレギュラーになれなくても、自分の能力に合ったレベルで練習試合ができれば、スポーツを楽しめるからです。4番目は、保護者や指導者が主役ではなく、子どもが主人公であるために特に必要ですし、勝利至上主義に陥ることを避けるには、8番目の権利も欠かせません。「成功（サクセス）」という言葉は、立身出世という意味ではなく、自分の潜在能力の発展に向けて努力することとされています。日本語で言い換えるなら、「自信がもてるようになる」ということでしょうか。ここには、自己肯定力や積極性を身に付けようとの考え方が含まれています。

締めくくりに「スポーツを楽しむ権利」が置かれていることも、非常に印象的です。「楽しくない」「つまらない」「練習なんて嫌いだ」と子どもが言うと、大人はつい説教したくなるものです。けれど、「なるほど」と受け止め、「どういうところが楽しくないのか」「もっと楽しくするには、どうしたらいいのか」と問いかけることによって、自治が芽生えていくのではないでしょうか。

冒頭で、私は自分がスポーツ弱者だったと話しました。私にとってスポーツは、体育の授業だけで精一杯であり、運動部活動は遠い世界でした。しかしながら、ここに挙げた10の権利について知っていれば、「もっと〜であってほしい」と文句を言うことができたでしょうし、文句を受け止めてくれる対話の場があれば、もっとスポーツに親しめたと思うのです。

【引用・参考文献】
1）菅野仁『友だち幻想―人と人の〝つながり〟を考える』筑摩書房／2008
2）堀裕嗣『スクールカーストの正体：キレイゴト抜きのいじめ対応』小学館／2015
3）柳治男『〈学級〉の歴史学』講談社／2005
4）『子どものスポーツのためのガイドライン』健康、体育、レクリエーション、ダンスのためのアメリカ連盟（The American Alliance for Health, Physical Education, Fecreation and Dance）／1979
5）4）の15〜31ページ。田村公江訳『若いアスリートのための権利の章典』龍谷大学社会学部紀要第49号／2016／30〜39ページ

［授業のまとめ］

人権に基づくスポーツをする子どもたちの権利

上下関係、支配と服従の関係においては、当たり前のように文句を言い、その文句を受け止めるという関係は成立しない！

上下関係は子ども同士の間にも発生する！

しかし、子どもにも「権利」がある…

○不公平があると感じたときには文句を言ってもいい

○文句を言ったら、受け止めてもらえる

亀井 明子
NPO法人SSHP全国ネットワーク 代表理事

16時限目 ハラスメント防止

スクール・セクシュアル・ハラスメントと運動部活動

スクール・セクシュアル・ハラスメントとは何か

私はこれまで、スクール・セクシュアル・ハラスメント（以下、スクール・セクハラ）の問題に取り組んできました。スクール・セクハラとは、学校のなかで起こる教員から児童生徒へのハラスメントのことを指します。この授業では、その問題と運動部活動との関係についてお話ししたいと思います。

文部科学省は毎年、全国の公立学校で、わいせつ行為などにより懲戒処分を受けた教員数を発表しています（図5）。2018年度は調査開始以来最多の282人であり、懲戒免職が163人、停職が57人でした（総数は、これに減給、戒告、訓告を合わせた数値です）。

この数値のなかでスクール・セクハラに該当するのが、自校の児童生徒124人、卒業生14人、自校の教職員41人で合計179人であり、教育実習生や他校の教職員を含めると全体の65・1パーセントを占めています。しかし、1人の教員が1人の児童生徒にのみ起こしているのではなく、この数値からは読み取れないほどの被害者が隠れていることもあります。

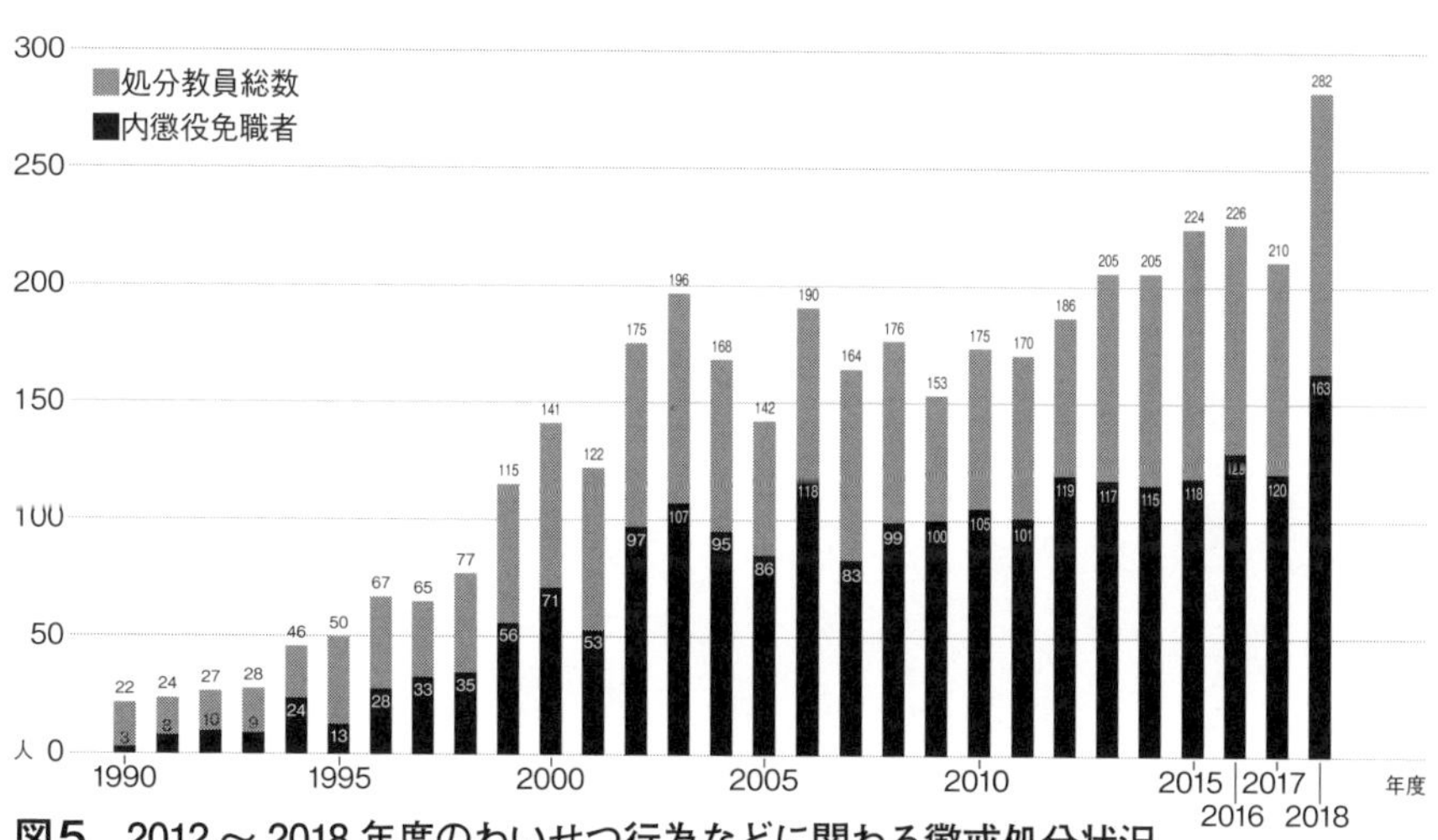

図5　2012～2018年度のわいせつ行為などに関わる懲戒処分状況
（文部科学省の調査結果をもとに、2017、2018年度を独自に加えて作図）

運動部活動におけるセクハラ

人が集うところには、自ずと力の関係ができ上がり、権力関係で上位にある者が下位にある者の人権を踏みにじるような状況が生じます。それは性暴力だけではなく、体罰やいじめも同様です。

これらは力の誇示といえるものです。時には性の対象とすることによって、さらなる力関係を明らかにし、支配・コントロールしようとします。例えば、教員からの性暴力は、子どもを思い通りに従わせるという事態を引き起こします。これは、性というものを介在させた教員からの一方的取引・「性的搾取」と考えることができ、買春行為と同様といえるでしょう。

教員（部活動指導者を含む）は教える立場、指導する立場、そして評価する立場にあり、選ぶという立場でもあります。この権力を巧みに使って、子どもの性を蹂躙（じゅうりん）しているのです[注1]。時には、指導という名の下に、「信頼関係の構築のため」と言い、教育を振りかざして行われることもあります。

私は、子どもの被害を聞き続けてきた立場から、スクール・セクハラには一定の筋道があると考えています。具体的には、子どもの訴える「いや」や「気持ちが悪い」という感情をキャッチできない、あるいは想像できないために、犯罪に至るケースが多くあるということです。そのため、教員は子どもに対して権力的な立場にあると常に意識しておくことで、犯罪に至らないよう自身で予防する必要があるのです。

注1…例えば、大阪市立中学校の剣道部で起きた、伝統と呼ばれ続けてきたセクハラ事件がある。顧問から「信頼関係を築くために裸になれ」と言われたり、指をなめさせるゲームを強要されたりしていた。

運動部活動における体罰とその発生状況

スクール・セクハラと同様に、運動部での体罰はいまだに多いのが実情です。2012年に大阪市立桜宮高校バスケットボール部の主将が顧問から体罰を受けて自殺したことをきっかけに、初めて文部科学省も調査に本腰を入れ始めました。しかし、このような体罰の調査も重要ですが、体罰が起こっていても教員が誰も止めに入ることをしなかった、完全に傍観者になり切ってしまうような心理も解明する必要があるでしょう。

実は私も、教員として働いていた経歴をもち、体罰が行われている場面に遭遇したことがあります。中学3年生の体格のいい男子生徒が部活動のために登校する際、自転車通学をとがめた顧問が、廊下で生徒を殴り始めたのです。周りにいた友人たちが、顧問の激しさに危機感を抱いて職員室に駆け込んできました。そのときの言葉は、「先生、誰か○○を助けて！」でした。

何事かと駆けつけた5～6人の男性教員と私。顧問は顔色を変え、殴る蹴るを繰り返しています。生徒は両腕で頭を覆っていましたが、身体への暴力は立て続けに起こっていました。「このままでは、この子が殺されてしまう」と感じ、とっさに生徒に覆いかぶさりました。しかし、その隙間から暴力が繰り返されました。「○○君が死んでしまうからやめて！」と叫んだことで収まりましたが、私が身体を離した瞬間、再び1発の蹴りが生徒の脇腹に入り、彼は倒れてしまいました。

問題は、この成り行きを見ていた周囲の教員たちです。誰一人として止めに入る者はいませんでした。人だかりのなかにいたほかの生徒たちは、この状況をどのような思いで見ていたのでしょうか。

いうまでもなく、このような暴力的な教員・顧問がセクハラ加害者になったとき、生徒は怖くて拒否することもできません。大阪市立桜宮高校の事件が起きてから、体罰ゼロを目指して研修をしたり、調査に取り組んだりしてきた結果、減少傾向にあるとはいうものの、事件直後に比べると件数は増加してきています。

体罰には、次のような問題があります。

①大人の感情のはけ口である
②子どもの言動をコントロールする方法である
③即効性があるので、ほかの指導法がわからなくなる
④回を増すごとにエスカレートする
⑤体罰を見ている、ほかの子どもにも深い心理的ダメージを与える
⑥時に取り返しのつかない事故を引き起こす

これら6つの問題は、冷静に考えればわかることですが、なぜなくならないのでしょうか。その背景には、強い指導（体罰を指す）を望む同僚たちの掛け声もあるのではないでしょうか。同様のことは、保護者にもいえるでしょう。あるいは、「体罰を問題視するから生徒が悪くなる」という地域の声も同様です。

発生後の対処

では、暴力が発生した際の対処について解説していきましょう。暴力被害者は、校内において声を上げられない立場に置かれていることは、いうまでもありません。特に部活動の場合は、「選手から外されるかもしれない」と思い悩み、黙ることがあります。あるいは誰かに相談しても、顧問の耳に入れば体罰を受けるかもしれないと思うと、黙るしかないのです。しかしながら、子どもや保護者が声を上げてくれないと、被害を知ることは難しいものです。それだけに、対応する側の意識が重要となります。

まず、個人の見解が優先されると、事実が遠のいてしまうので、事件が発生して相談を受けたなら、ただちに対策委員会を立ち上げて、事実関係の聞き取り作業を行います。その際、被害者からの聞き取りには、できる限り接点のない人をあてなければなりません。また、加害者からの聞き取りも同様に、でき得る限り交流のない人をあてなければならないでしょう。

その理由は、当事者に近い人であれば、先入観に基づいて人物評価をしてしまう可能性があり、結果として真実にたどり着けなくなってしまうからです。また、管理職などがあたると、教員をひいき目に見てしまったり、出身大学によって人脈ができているために公正な聞き取りができなかったりするといった、俗にいう「身内に甘い関わり」になってしまう恐れもあります。

そして、事実関係の聞き取りが終了したら、セクハラに当たるのか、体罰として認定されるのか、協議の機会を設けて最終的判断をする（公立の学校であれば教育委員会が行う）ことになります。

なお、このようなプロセスにおいて忘れてならないのは、「被害者の心理的ダメージをどうサポートするか」という重大な仕事です。加害者の処分にばかり気を取られ、被害者のケアがおろそかになっているケースは数え切れないほどあります。

スクール・セクハラの本質を理解する

しかし、このような対処法だけが先行してしまうと、過ちが起こります。つまり「スクール・セクハラとは何か」という本質を理解しておかなければ、その間違いは生じるということです。

冒頭で述べたスクール・セクハラという用語について、もう少し詳しく解説すると、「相手の意に反した性的な性質の言動を行い、就学上の不利益を与えたり、またはそれを繰り返すことによって教育環境を著しく悪化させたりすること」と定義づけられています。

性的な性質の言動は、言葉も態様もセクハラになることがあり、ジェンダーバイアス（社会的・文化的性差別）や女性蔑視によるものが多いのが実情です。教員による授業中の卑猥な発言、宿題忘れに課せられる性的な罰、指導・補助をするときや褒める際の身体接触（時には慰めるときのハグ）、プライバシーとしての性的事象に踏み込む、性的対象としての視線など、その特徴は多岐にわたります。最近では、メールやＬＩＮＥなどのコミュニケーションアプリを使った性的な言葉や、巧みな誘い出しも事件化しています。

これらの特徴的な事柄を考えると、子どもの教育を受ける権利を奪うセクハラは、決して犯罪行為のみでないことが理解できるでしょう。教員（顧問）の性的要求に応えなければ不利益がもたらされる一方で、応えた場合には多大な利益がもたらされます。誰しも不利益は被りたくありません。利益をちらつかされれば、そちらを選択してしまうという構図が、「学校」というところには存在しているのです。子どもは脅されることで、その力に屈してしまうことがあります。体罰はその典型でしょう。特に幼かったり、知的障がいがあったりする場合には[注2]、発せられる言葉の意味が理解できずに、単純に怖くて従ってしまうこともあります。

「先生と2人だけの秘密」「誰にも言ってはいけない」などといった秘密の強要が、そうです。「家族に大変なことが起こる」「先生は学校を辞めさせられる」「おまえを殺す」「このことを誰かに話したら、次の試合（発表会）には出られない」などの言葉も、子どもにとっては重大な不安と心配をもたらします。その恐怖に耐えられないから、「秘密の約束」をするのです。

例えば、こういう事件もありました。遠征試合に行ったとき、「明日の予定を確認するから、先生の部屋に来てくれ」と、キャプテンが夕食の後に呼ばれました。その先生の部屋で、彼女は強姦されてしまいます。「なぜ大声を出さなかったのか」「なぜ先生1人の部屋に行ったのか」「必死の思いで逃げればよかったのに」などと悔やまれました。しかしそのときには、そのどれもが彼女の選択肢にはありませんでした。なぜなら、相手が先生だったからです。

彼女は自分を責め続けましたが、そうできなかった彼女が悪いわけではありません。しかしながら、保護者や周囲の人・世間、そして司法も、そうしなかった当事者を責め続ける状況が見受けられます。「学校」でセクハラが起こると、被害者ではなく、加害行為に及んだ先生を擁護してしまう判断がなされることも多いのです。まさに2次被害のオンパレードです。

教育委員会や管理職には、スクール・セクハラに関する必要な知識と情報を得るとともに、人権的な視点から対処の仕方を考えるような研修が必要です。加害者が自校の教員だといわれると、その教員を守ろうとする身内意識が頭をもたげます。しかし、守らねばならないのは、保護者から預かっている児童生徒であることはいうまでもありません。

また、当然のことながら、運動部活動の顧問にも人権意識が求められます。子どもは学校で、安全に安心できる環境の下で勉強したり、スポーツをしたりする権利をもちます。つまり、生活や運動部活動をする主人公・主権者なのです。体罰やスクール・セクハラは、こうした当たり前の状況を、権力的な立場にある教師が踏みにじってしまう行為です。

それを防ぐには、本書で追求されている「運動部活動の主人公は子どもである」「運動部活動は子どもの自治集団活動である」という方針が、意味をもつことになるでしょう。

注2…2003年、浦安市立小学校の支援学級で起きた、担任の男性教員による児童への強制わいせつ事件。知的障がいのある児童にわいせつ行為をしたとして、2006年5月に元児童と両親が損害賠償訴訟を起こし勝訴した。

「授業のまとめ」

暴力が発生した際の対処

事件が発生し、相談を受けたら…

・ただちに対策委員会を立ち上げ、事実関係の聞き取り作業を行う

・被害者及び加害者からの聞き取りには、できる限り接点のない人をあてる

⬇当事者に近い人では、先入観に基づいて人物評価をしてしまう恐れがある

⬇管理職などでは、「身内に甘い関わり」になってしまう恐れがある

・協議の機会を設け、セクハラなのか体罰なのかなどの最終的判断を下す（公立の学校であれば教育委員会が行う）

・加害者の処分にばかり気を取られることなく、「被害者の心理的ダメージをどうサポートするか」という重大な仕事があることを忘れないようにする

友田 明美

福井大学 子どものこころの発達研究センター 発達支援研究部門 教授・副センター長
福井大学医学部附属病院 子どものこころ診療部長

▼17時限目 脳科学

運動部活動における体罰の影響

――「マルトリートメント」が子どもの脳を損傷する

医学と私の出合い

私は人間に対する興味から、人間を対象とする「医学」を学びたいと思い、医学部に入りました。２０１１年に福井大学に新しくできた、子どものこころの発達研究センターで教授として働いています。主な研究テーマは、「児童虐待（マルトリートメント）と脳の発達」です。私がこのテーマを選んだのは、研修医のときでした。

鹿児島県のある病院で、脳内出血の子どもが救急外来に運ばれてきました。全身にはたばこによるやけどの痕。救命措置を施し、集中治療室で3日間寝ずに治療しましたが、その子は助かりませんでした。無償の愛を注ぐべきはずの親が、子どもに対してなぜこんなにもひどい仕打ちをするのでしょうか。私はこの問題を何とかしたいと思い、研究を始めたのです。

今は、大学院生や研究者たちと一緒に、ＭＲＩ（磁気共鳴画像化装置）という、脳の画像が撮れる機械を使って、子どもたちの脳について調べています。最近、わかってきたのは、虐待や体罰を受けることで、脳の大事な部分に「傷」がつくということです。この傷がずっと続くため、虐待を受けた子どもは大人になってもつらい思いをするのです。今後は、この傷をどうやって治していくか、そのことを目指して研究を続けていきたいと思っています。

本授業は、このような私の研究成果をもとに、話を進めていきたいと思います。

「マルトリートメント」とは何か

子どものときに受けた体罰や虐待などの「マルトリートメント」は、その後の発達にどう影響するのでしょうか。この授業では、その点を中心にお話ししていきますが、その前にまずは「マルトリートメント」という用語について、もう少し詳しく解説しておきましょう。

「マルトリートメント」とは、1980年代からアメリカなどで広まった表現で、「不適切な養育」と和訳され、子どもの健全な発育を妨げるものとされています。虐待とほぼ同義ですが、〝子どものこころと身体の健全な成長・発達を阻む養育をすべて含んだ呼称〟であり、大人の側に加害の意図があるか否かにかかわらず、また、子どもに目立った傷や精神疾患が見られなくても、行為そのものが不適切であれば、それは「マルトリートメント」といえます。

例えば、ニュースで報道される児童虐待は、ひどい暴行や性的虐待などを伴った極端なケースであることが多いでしょう。しかし、「マルトリートメント」には、しつけと称して脅したり、威嚇したり、暴言をぶつけたりといった心理的・精神的な虐待も含まれます。つまり、報道されるような極端なケースに限らず、日常生活の場面において起こり得るものなのです。多くの子どもと関わる大人（例えば、学校の教員や本書の読者として想定されている部活動の指導者も含まれます）が、自分は児童虐待と無関係だと思って見過ごし、日常的に不適切な接し方で子どもを傷つけてしまっている可能性もあります。

私は、小児神経学を専門とし、小児精神科医として約30年間、子どもたちの診療に当たってきました。そして、外見からはわかりづらい「心の傷」を可視化するために、ハーバード大学や福井大学において、さまざまな「マルトリートメント」を受けた人の脳の画像検査を行いました。その結果、「マルトリートメント」が、発達段階にある子どもの脳に大きなストレスを与え、実際に変形させていることが明らかになりました。

これまでは、生来的な要因で起こると思われていた子どもの学習意欲の低下を招いたり、引きこもりになったり、大人になってからも精神疾患を引き起こしたりする可能性があることがわかったのです。そして『新版　いやされない傷』（２０１２年、診断と治療社）、『子どもの脳を傷つける親たち』（２０１７年、ＮＨＫ出版）、『虐待が脳を変える―脳科学者からのメッセージ』（２０１８年、新曜社）を著し、社会に警告を発してきました。

体罰・暴言は脳に悪影響を及ぼす

今日においても、「体罰」という名の暴力を容認する人は多いことでしょう。

例えば、Ｙａｈｏｏ！ ＪＡＰＡＮが２０１７年10月に実施した体罰に関する意識調査では、「体罰はいかなる場合も認められない」と答えた人は２割でした。一方で、「体罰は認められる場合がある」という回答が約８割を占めていました。私は、その約８割の人に伝えたいデータがあります。

ハーバード大学と共同で、子ども時代に体罰を受けた経験がある18～25歳の若者約１５００人のうち、一定の条件に合う被検者に対して、ＭＲＩを使って脳の変化を調べた結果、厳しい体罰により前頭前野の容積が19・１パーセント減少することがわかったのです。

20代後半までにゆっくり成熟する前頭前野の一部が壊されると、うつ病に類似した症状が出やすくなります。また、この部分は犯罪抑制力に関わる部位でもあるため、素行障害という問題行動を起こす確率も高くなります。体罰を繰り返し受けている子どもたちは、非行に走りやすくなるのです。

そのほかに、言葉の暴力が聴覚野を変形させることもわかりました。暴言を浴びせられた子どもは、言葉の理解力などが低下し、心因性難聴にもなりやすいのです。

確かに、そういった慢性ストレスで傷ついた脳でも、適切な治療を施せば回復することは可能です。しかし、ストレスを受け続ける期間が長ければ長いほど、深刻な影響があることも、皆さんに知ってほしい脳科学的な知識です。

部活動と「マルトリートメント」

実際に、「マルトリートメント」は教育の現場にも存在します。時代とともに、子どもとの距離感には変化が生じ、多くの教育者が接し方や導き方に迷いを抱えている実態もうかがえます。

例えば、運動部のコーチや顧問のなかには、今なお体罰を行っている人たちがいます。そうした人の多くは、自分が生徒や学生だった頃、やはり同じようにコーチなどから体罰を受けているのです。

「自分たちも体罰を受けて強くなれた。これは暴力ではなく、愛の鞭だ」

そう語る人も少なくありません。「愛の鞭」という言葉の意味を好意的に捉え、それを容認してしまうのは、日本人がこれまでに培ってきたメンタリティとも深く関わっているのでしょう。「体罰」そのものについての認識が甘いといわざるを得ません。

だからこそ、皆さんに繰り返し、以下のことを強調したいのです。

「マルトリートメント」が頻度や強度を増したとき、子どもの脳は部位によって萎縮したり、肥大したりするなど、〝物理的〟に損傷します。その結果、学習意欲の低下や非行、心の病に結びつく危険性があります。

もちろん、軽微な「マルトリートメント」では、そのようなことは起きませんが、一度傷を負った脳を元に戻すことが容易ではないのも事実です。このことを知っているか知らないかで、子どもに対する言動に大きな差が生じるはずです。

時に運動部員の保護者は、我が子が指導者から暴力（体罰）や暴言にさらされていても、「本人が（暴力だと）思っていなければいいのではないか」と思うかもしれません。しかし、これまで指摘してきたように、「暴力だと認識していなくても、子どもの脳は悪い影響を受ける」のです。そして、暴力や暴言は、それを受けたときのみならず、子どもの未来にまで、マイナスの影響を及ぼすことになります。

とりわけ注意しなければならないのは、部活動の指導者と生徒との力関係は対等ではないということです。「強者」である大人が、「弱者」である子どもを怒鳴りつけ、体罰を与えるという行為は、私たち大人が想像するより強い衝撃を与えます。

子どもを叱咤激励する方法は、ほかにもあるでしょう。ひと昔前には、封建的な親が怒鳴ったりたたいたりして、従順にさせることがあったかもしれません。しかし、本来「しつけ」とは、子どもに恐怖を与えることではなく、正しく導くことが目的でなければなりません。

大人と「マルトリートメント」

実際に、親から暴言を浴びせられるなどの「マルトリートメント」の経験をもつ子どもは、過度の不安感や情緒障害、うつ、引きこもりといった症状・問題を引き起こす場合があります。

私たちの研究グループは、暴言の「マルトリートメント」経験者と未経験者のグループに、精神的トラブルを抱えていないかなどのアンケートを行い、それぞれの脳をＭＲＩで調べました。その結果、経験者のグループは大脳皮質側頭葉にある「聴覚野」の一部の容積が、未経験者に比べて平均で14・1パーセントも増加していたのです。子ども時代に暴言を受けた

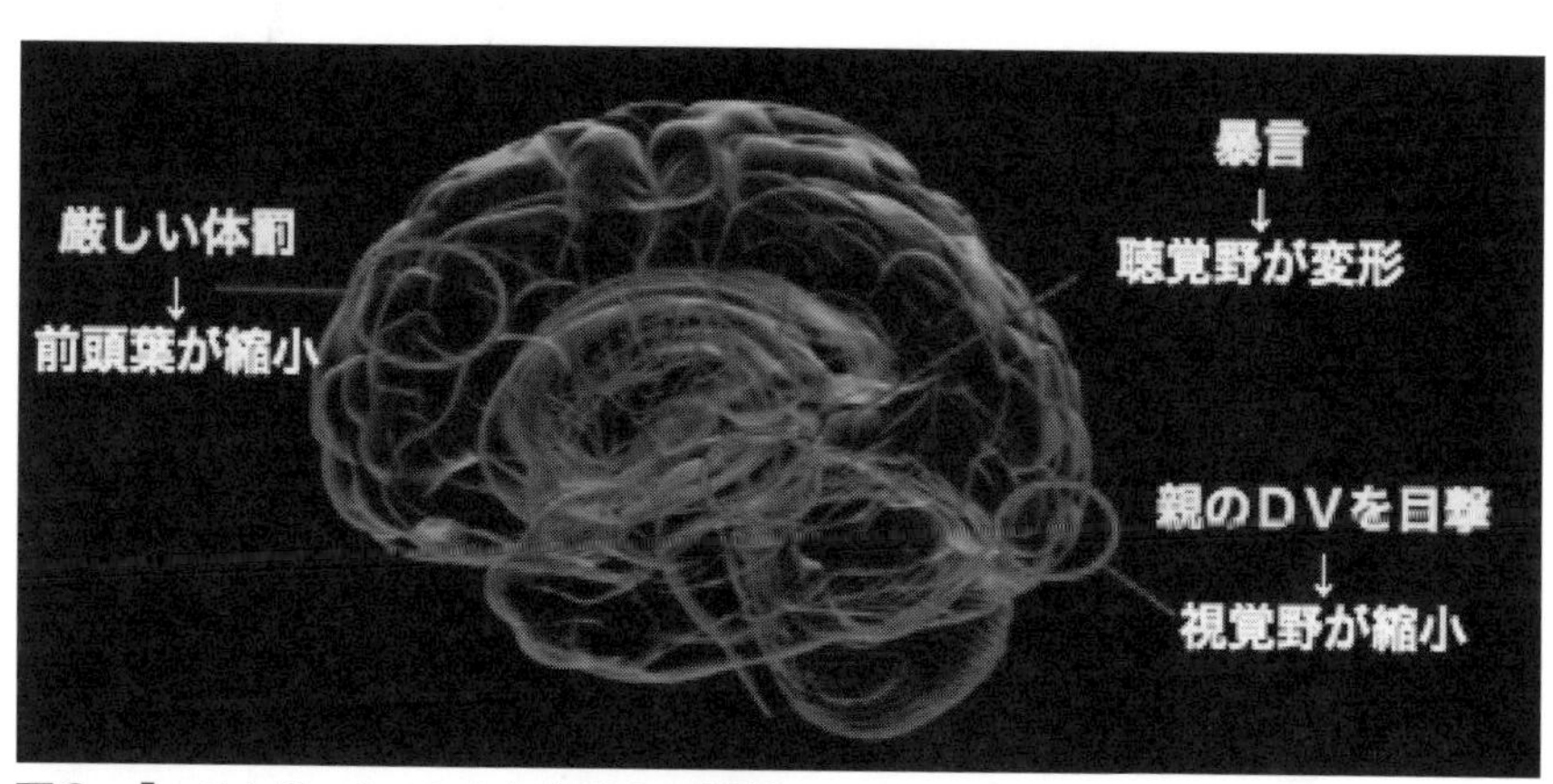

図６　「マルトリートメント」と脳との関係

ため、正常な脳の発達が損なわれ、人の話を聞き取ったり、会話したりすることに、余計な負荷がかかるようになった可能性があるわけです。

また例えば、身近な大人の暴言や暴力を繰り返し見聞きしたときも、脳の「視覚野」という部位が萎縮するというデータがあります。そして、目から入る情報を最初にキャッチする力や記憶する力が弱くなる、知能・学習能力が低下する可能性が指摘されています。これは脳が傷つくことから起こる、「自分を守ろう」とする防衛反応だと考えられています（図６）。

突然の暴言や暴力（厳格な体罰）、そして過酷な体験がトラウマ（心の傷）となり、「心的外傷後ストレス障害（ＰＴＳＤ）」を引き起こします。人は、あまりにも過酷で耐え難い体験をしたとき、その体験記憶を〝瞬間冷凍〟し、感覚を麻痺させることで自分の身を守ります。しかし、その体験は新鮮な状態で丸ごと保存され、類似した音や視覚などの刺激で何度も、何年後であっても、〝解凍〟されることがあるのです。

うまくトラウマの治療がなされないと、人生の大半において、傷が刺激され、冷凍した記憶がよみがえる生活を強いられることもあります。最悪なことに、トラウマは成長した後に心の病気やドメスティック・バイオレンス（ＤＶ）行為、アルコールや薬物依存などの形で現れることもあります。

しかし、子どもの脳は発達途上であり、可塑性という柔らかさをもっており、早いうちに手を打てば回復することがわかっています。そのため、そのような子どもがいたときには、専門的な治療を受けさせる必要があります。カウンセリングや解離に対する心理的な治療、専門家によるトラウマ治療といった心のケアを、時間をかけて慎重に行うのです。

これからの部活動の指導者へ

ここまで、脳科学の立場から「マルトリートメント」が脳に及ぼす影響についてお話ししてきました。最後に、これからの運動部活動の指導において注意していただきたいことをまとめて、この授業を終えたいと思います。

2017年5月、「体罰ゼロ」の育児の推進を目的として厚生労働省が示した、「子どもを健やかに育むために～愛の鞭ゼロ作戦」をご存じでしょうか。そのチラシに、私は「体罰が脳の発達に及ぼす影響について」という情報を提供しました。そこでは、愛の鞭のつもりの行動が、いつの間にか虐待へとエスカレートしていくことの危険性を伝え、子どもの気持ちに寄り添いながら育児をしようといった働きかけを行っています。

このことは、運動部活動の指導にもあてはまります。ポイントとして次の5つが挙げられています。

①子どもの脳に及ぼす影響を理解し、体罰・暴言による指導をしないこと
②大人と子どもは対等な力関係ではないという前提に立つこと
③指導者は、爆発寸前のイライラをクールダウンすること
④子どもの気持ちと行動を分けて考え、成長を応援すること
⑤もし「マルトリートメント」を受けた子どもと遭遇したときには、速やかに専門的な医

療機関と相談すること

もちろん、こういった「マルトリートメント」を受けた子どもでも、早い段階で安心できる環境に移り、心の傷の専門的な治療やケアを受けられれば、脳の傷は回復していきます。適切な心理治療など、心のケアで、傷ついた脳は癒やされるのです。

人間の子どもは生きていくために、大人の「養育」を必要とします。その養育には愛情とぬくもりが必須だということは、いわずもがなです。しかし、実際には、身近な大人と愛着（絆）が結べないまま成長していく子どもたちが、非常に多く存在します。子どもを健全に育てるためには、親や指導者（教員）が健全であることが求められます。

私たち医療従事者は、教育現場で子どもとじかに接している方々や行政と連携しながら、子どもだけでなく、親をサポートしていく施策や仕組みづくりにも力を入れていきたいと考えています。「将来を担う子どもたちを社会全体で育て守る」という認識が、広く深く浸透することを願ってやみません。

POINT

授業のまとめ

体罰や暴言が脳に及ぼす悪影響

・前頭前野の容積の減少
⬇うつ病に類似した症状が出やすくなる
⬇問題行動（素行障害）を起こす可能性が高まる＝非行に走りやすい

・言葉の暴力による聴覚野の変形
⬇言葉の理解力などが低下する
⬇心因性難聴になりやすい

中村 浩也
桃山学院教育大学教育学部 教授

18時限目 スポーツ医学（医科学サポート）

運動部活動における医科学サポートの在り方

――スポーツ事故の防止と運動部活動の自治

総合的な医科学サポートが求められている現状

私はこれまで、運動部活動と地域(の機関や人)との連携について研究してきました。具体的には、学校教員である保健体育教諭や養護教諭、コーチやトレーナーをはじめとする外部指導者、さらには地域の医療従事者や研究者らの〝つながり〟を基盤とした、総合的な医科学サポートの構築と実践的検証を行ってきました。

近年、スポーツ強化に取り組む大学だけでなく、中学校や高校が、学内でのスポーツ医科学支援の充実に向けて、教員以外の専門指導者を常駐させる試みが広がっています。これは、学校安全の観点から考えると、遅まきながら当然の流れでもあります。

文部科学省は2017年3月に、学校保健安全法に基づいて「第2次学校安全の推進に関する計画」を通知し、5年間の学校安全の推進に関する施策の方向性と具体的方策を示しました。その「I.1.児童生徒等の安全を取り巻く現状と課題」において、次のように述べています。

「日常的な学校管理下における事故等については、2015年度の災害共済給付の集計によると、負傷・疾病の発生件数は、約108万件であり、第1次計画期間を含め、近年減少傾向にあるものの、発生率は横ばいの状況が続いている。特に、発生率は、体育や運動部活動が活発になる中学校段階の発生率が最も高く、高等学校段階では近年発生率が増加傾向にある」[1]

つまり、学校管理下の事故は、中学校・高校の体育や運動部活動中に多発しており、学校安全における重要な課題として位置づけられているということです。

なお、この計画では、学校における安全教育と学校における安全管理が両輪となって、より実証的な学校安全施策の推進をめざすとしており、内容として、①安全教育の充実、②学校の施設及び設備の整備充実、③組織的取り組みの推進、④地域社会・家庭との連携を図った学校安全の推進、が挙げられています。

これを学校教育現場で頻発するスポーツ事故の防止に向けた取り組みとして確実に定着させるためには、①問題の認識／発生頻度の把握、②発生の原因／メカニズムの究明、③予防法の考案／導入、④効果検証、の4つのステップを順次進めていく必要があります[2]。

この4つのステップは単に体育科・保健科や運動部活動のみにその役割を求めるのではなく、教職員及び部活動指導員が一体となって、学校全体で行わなければならない教育的課題です。

運動部活動における危機管理とは

自治体レベルで作成されている「危機管理マニュアル」[3、4]を概観すると、基本的に〝予期せぬ事態〟への対策についてまとめられているものがほとんどですが、運動部活動の事故は、〝予期できる事態〟への対策であることを前提にする必要があります。なぜなら、運動部活動に参加すること自体が事故発生リスクを内包しているからです。

従来の我が国のスポーツ活動に対する傷害の一般的な受け止め方は、(a)スポーツは本質的に受傷リスクを内在している、(b)スポーツに参加する者は、そのリスクを承知して活動する、(c)よってスポーツ傷害が発生しても、基本的には本人の自己管理上の問題である、とされてきました[5]。しかしこの考え方は、現在の学校教育現場では通用しなくなっています。

「部活動」は、2008(平成20)年1月の中央教育審議会答申において、「生徒の自発的・自主的な活動として行われている部活動について、学校の教育活動の一環としてこれまで中学校教育(高等学校教育)において果たしてきた意義や役割を踏まえ、教育課程に関連する

表7 一般の学校教育現場と運動部活動現場での危機管理上の相違点（文献8を改変）

	一般的な教育現場	運動部活動現場
発生場所	どこで起きるかわからない	スポーツ現場
傷害の種類	想定不可能	想定可能
緊急対応計画	必要	必要
関わりの範囲	医療機関への引継ぎまで	競技復帰まで
資器材	AED 及び救急箱	スポーツ傷害に対応するすべて

事項として、学習指導要領に記載することが必要である」との指摘がなされ、中学校及び高校の学習指導要領においては、「学校教育の一環として、教育課程との関連が図られるよう留意すること」と規定されるに至っており[6、7]、これは2020年度から順次施行される新学習指導要領においても踏襲されています。

これらは、運動部活動が基本的に自主的、自発的な活動という位置づけであっても、原則として学校管理下の安全配慮義務を伴っていることを裏づけるものです。事実、昨今の熱中症に関する事故の判例が、この流れに沿ったものであることは明らかでしょう。

運動部活動現場と一般的な学校教育現場における、傷害発生の相違点をご覧ください（表7）[8]。

一般的な学校教育現場では、校内のどこで事故が発生するかわからず、負傷・疾病の種類も想定が困難であるのに対し、運動部活動現場では、種目特性や環境に応じてスポーツ事故を予見しなければなりません。さらに、事故発生後の生徒との関わりは、適切かつ迅速な応急処置に始まり、医療機関への搬送と連携、場合によってはリハビリを含めた傷害管理も伴い、競技復帰まで続きます。

このように、運動部活動現場では医科学分野の高度な専門性と実効性が求められているのですが、これを多忙かつ専門的教育を受けていない一般の学校教員が担うのは無理があります。スポーツ事故の発生リスクを考えると、運動部にはスポーツ医科学領域に通じた専門家が本質的に求められており、これは競技レベルを問わないということを忘れてはいけません。

スポーツ事故の予防と生徒自身による望ましい行動の選択

運動部活動現場でのスポーツ事故を減らしていくためには、新学習指導要領に示されている内容に基づき、「生きる力」の土台となる「たくましく生きるための健康や体力」の獲得、さらには生涯を通じて健康で安全な生活を送るための基礎を培うことを主眼に、学校教育全般を通じた予防教育を行っていくことが求められます。

一方、いくら理論的な理解を深めても、生徒自身が自己管理の確立と継続的で適切な予防行動を起こすまでには、相応の時間が必要となるでしょう。なぜなら、人の行動はその人の価値観や信念、態度などが多分に影響しているからです。「わかっているんだけど…できない」という世界です。

心理学者の河合隼雄氏が述べているように、人間は自身の「物語」のなかを生きており、仮に不適切な行動であったとしても、それは個人の物語の一部として意味をもっていることが多いものです[9]。

このような事実を無視して、指導者が一方的に情報を与えることに満足してしまっては、たとえ科学的に正しいとされるものでさえも、内容が伝わらないばかりか、場合によっては生徒の物語の破壊を引き起こしかねません。特に、生徒の自発的・自主的活動を掲げる運動部活動においては、生徒が自らの「物語」を紡いでいくことを基盤にしなければ、スポーツ事故の防止のみならず、教育の目標も達成することはできないでしょう。

そこで、改めて運動部活動現場における「指導者－生徒」の関係に目を向けると、ある種の支配的ヒエラルキーが形成されやすい状況が認められますが、このような環境では生徒自身が自己効力感を向上させるようなエンパワーメントが醸成されにくいことがわかってきています。一方、成績などの具体的評価を伴わないフラットな人間関係は、相互の仲間意識を強めるとともに互いに価値ある存在として扱われ、結果的に競技成績の向上やスポーツ事故の発生頻度の低下に影響を与える可能性が示唆されています[10]。

このことは、運動部活動の医科学サポートの在り方を考える上で大変興味深いことですが、決して、スポーツ事故防止に専門家の介入が必要でない、ということを意味しているわけではありません。非専門職者同士の人のつながりは、臨床的には重要な意味をもつものの、その医科学的効果の限界点も指摘されているからです[10]。

学校管理下におけるスポーツ事故予防は、科学的根拠に基づく教育を基盤にしつつも、最終的には生徒自身の望ましい行動の選択、つまり「学習者がどのような行動をできるようになればよいのか」を主眼とした、教育方法の開発が求められます。

例えば、生徒が「膝が痛い」などの身体的問題を訴えてきた場合に、指導者が仮にその解決に向けた具体的方法を思いついたとしても、安易に対症療法的に対応しない、というアプローチの有用性について検討する必要があると思います。

学校は膝の痛みをとること以上に、生徒にその痛みの原因について考えさせ、どうすれば膝の痛みが和らぐのか、また痛くならないようにどうすべきかなど、学びを深める場でなければなりません。このようにして、スポーツ事故防止の担い手となる指導者は、医科学的根拠に基づきながらも、生徒の声に耳を傾け、心身の発達の全体性と個別性を前提にした教育をめざす必要があるでしょう。

言い方を換えれば、生徒が自分たちで学習や活動を進めていく運動部活動の自治と、スポーツ事故の予防とを結びつけていくのであり、そこに新たな学問領域の可能性が浮かび上がるのではないかと考えています。

学校教育現場におけるスポーツ事故防止に向けて

教育学者の梶田叡一氏は、今回の学習指導要領改訂の主軸である「主体的・対話的で深い学びの実現」の本質を「実感・納得・本音を大切にした学び」として捉え、「学びの基盤となる実感世界を拡げ、深め、耕していくためには、心身の諸機能が全体として参画する種々の体験活動が非常に大切な意味を持つ」と述べています[11]。

運動部活動は心身諸機能の発達を促進させる活動そのものです。生徒が運動部活動のなかで、自身の心と身体に正面から向き合い、内省を通じて自己管理能力を開発していく過程は、新学習指導要領がめざす教育の方向性とも合致するものと思われます。

これらを実現していくには、各学校にアスレティックトレーナーなどのスポーツ医科学の専門家を配置し、運動部活動のスポーツ事故防止に向けた教育実践的介入を行うことが効果的でしょう。

日本の学校教育は大きな曲がり角に差しかかっていますが、中学校や高校においては、地域の医療機関や大学などの研究機関と連携し、運動部活動の新しいサポートの形としての「チーム学校」を構築する絶好の機会でもあります。

また、「チーム学校」を手がかりとして、今後は保健室の機能拡充をはじめ、養護教諭や体育教諭、運動部顧問や外部指導者へのスポーツ医科学教育を視野に入れた、カリキュラムマネジメントの方向性も期待したいところです。

しかし、それと同時に留意しなければならない重要な点は、運動部活動の医科学サポートにおいて、専門家が身体的諸問題に対して対症療法的に介入することではなく、生徒の相互理解・相互支援に基づいて心身の理解と成長を促し、確かな「生きる力」を育んでいくことにあります。

なぜなら、運動部活動の主人公は、生徒たち自身だからです。

【引用・参考文献】

1）文部科学省『第2次学校安全の推進に関する計画』2017
2）van Mechelen W., Hlobil H., & KemperHC.／Incidence, severity, aetiology and prevention of sports injuries. A review of concepts. Sports Medicine14(2)／1992／82～99ページ
3）文部科学省『学校の危機管理マニュアル作成の手引き』2018
4）東京都教育委員会『学校危機管理マニュアル』2013
5）今橋盛勝・林量俶・藤田昌士・武藤芳照『スポーツ「部活」』草土文化／1988
6）文部科学省『中学校学習指導要領』2008
7）文部科学省『高等学校学習指導要領』2009
8）日本体育協会『日本体育協会公認アスレティックトレーナーテキスト第8巻「救急処置」』文光堂／2006
9）河合隼雄『臨床教育学入門』岩波書店／1995
10）中村浩也『学校教育機関におけるスポーツ傷害の管理と予防に関する研究』東京学芸大学／2013
11）梶田叡一『深い学びのために　アクティブ・ラーニングの目指すもの』（教育フォーラム60）金子書房／2017

［授業のまとめ］

運動部活動現場でのスポーツ事故を減らしていくために

○学校教育全般を通じた予防教育の実施

・生きる力の土台となる、たくましく生きるための健康や体力の獲得

・生涯を通じて健康で安全な生活を送るための基礎づくり

○生徒自身が望ましい行動を選択できる教育方法の開発

・生徒が身体的問題を訴えてきた場合に指導者が安易に対症療法的に対応しない、というアプローチの有用性の検討

・医科学的根拠に基づきながらも、生徒の声に耳を傾け、心身の発達の全体性と個別性を前提にした教育をめざす必要性

⬇生徒の相互理解・相互支援に基づいて心身の理解と成長を促し、確かな「生きる力」を生徒に育ませる

小野田正利
大阪大学 名誉教授

19時限目 教育制度学

部活動の苦情を生徒が解決する

――近隣住民トラブルと部活動の自治

部活動を巡る地域住民とのトラブル

私はこれまでに、学校が抱える保護者対応トラブルや近隣住民トラブルの研究をしてきました。本授業では、その研究成果を踏まえて、主に部活動と近隣住民トラブルとの関係をどのように考えていけばよいのかについて、お話ししたいと思います。

現代の学校や保育園・幼稚園が抱える深刻なトラブルとその対応問題としては、学校周辺の近隣住民からの苦情やクレームに関する事案が多くあります。「住民の反対で保育園の開設を延期」「子どもの声がうるさいと地域からの苦情が急増」「部活動は迷惑だというクレームで活動時間を縮小」…。この20年余りの間に、都市部だけでなく全国各地で、学校や幼稚園・保育園と近隣住民との間に生じる摩擦が大きくなっています。学校や園の存在が引き起こす近隣住民とのトラブルは、表8のように多岐にわたるのです。

中学校や高校での運動部活動の実施をめぐっては、音と声、そして校外での活動に関する苦情が中心です。「野球部の早朝からの掛け声」「テニスの打球音」「体育館から響く音」「公道を使った大勢のランニング」「大きな道具を持ち込んでの車両空間の独占」などに対する

表8　学校・園が地域住民に及ぼす「迷惑」環境や行為

□人間の生身の行動に関するもの
- 校舎から近隣住宅への視線
- 登下校中のぶしつけな振る舞い
- 大量の人数での移動（通学路、校外活動を含む）
- 学校行事や部活動に伴う声や音（太鼓、ブラスバンド、野球の掛け声、サッカーやテニスボールなどの打撃音）
- 子どもの路上への飛び出し
- 学校行事や大会の送迎時の保護者の駐車・駐輪など

□人工的なもの
- 学校のチャイム、スピーカーによる放送音
- 大量のエアコン室外機の音と風
- 夜間照明
- ピストル音（陸上競技）など

□学校・園がもつ環境に起因するもの
- 校庭の砂ぼこり
- 植栽（落ち葉、毛虫）
- ボール類の飛来など

苦情は昔からありましたが、今では明確な被害行為として、教育委員会や学校に対策を講じるよう要求される時代に入りました。

穏便に収めようとして、多くの学校では「内向き」指向となり、微に入り細をうがつ生徒への注意喚起と、部活動時間の制限や活動範囲の縮小に入っていきます。すると生徒たちは、「学校周辺の住民からの苦情で、どうして自分たちの活動が制約されなければならないのか」といら立ちを募らせ、不満が高まっていきます。

「成長過程にある子どものことだから大目に見る」という寛容性も一部では残っていますが、他方で「我慢にも限界がある」と感じる住民も少なくないのです。環境基準や騒音防止条例では、工場から出る騒音も学校からの騒音も、同

じ扱いです。

「子どもの発達・学習権の保障」と「隣人住居の平穏という人格権の保障」とは、どのように両立させていくことが可能でしょうか。「公共的施設だから」「昔からここにあったから」という理由や説得では、収拾がつかなくなった今、紛争やトラブルを少しでも緩和しながら、双方が「折り合い」をつけていくためには何が必要でしょうか。学校をゴミ焼却場や精神病院などの、住民にとって望ましくないと考える公共施設＝「迷惑施設」あるいは〝NIMBY〟(ニンビー／not in my backyard、私の裏庭には作らないで)にさせないために、どのような改善策を考案していくかが、必要かつ喫緊の課題となってきたことは明確です。

当事者は生徒だ

美術部・書道部・写真部・茶道部などの部活動では、あまり大きな音や声は出ないのですが、文化系部活動の合唱部やブラスバンド部はもちろん、運動部活動はどれをとっても大なり小なりの騒音が発生します。グラウンドを使う場合には、砂ぼこりへの苦情も伴います。なお、学校には保護者トラブルもありますが、それと近隣トラブルとの違いは、次の3点にまとめることができます。

①保護者トラブルは、子どもの卒業とともに収束していくことが多いが、近隣トラブルはどちらかがいなくなるまで続く深刻さを抱えている（ほぼ日常的なトラブル）

②バスや電車の中の赤ん坊の泣き声や子どもの声は、退出するなど逃避可能で一時的なものだが、何らかの改善が行われない限り、終のすみかの住民はそのような状況からは逃れられない（不可避性）

③これらに加えて、学校側は「自分たちが公共性をもっている」という意識で、住民に立ち向かう傾向が強い（非対等性による交渉）

こういった近隣住民からの苦情に対応するのは、教師です。ひたすら謝罪を繰り返し、理解を求めることに腐心するのは、もっぱら顧問や教頭であり、生徒たちはいつもその結果だけを知らされます。「すまん、窓を閉めてやらざるを得ないことになった」「えー、こんな暑いなかで閉め切ったら、蒸し風呂じゃん」。時として気分が悪くなり、熱中症で倒れる生徒も出てきます。「何で私たちがこんな目に遭わなきゃいけないの」と不満たらたらです。

私は、2015年度から3年間にわたって科学研究費（挑戦的萌芽研究）の交付を受け、一般的な近隣トラブルの事例や、重厚な迷惑施設研究の成果に学びながら、教育学の観点から「学校・園が抱える近隣トラブル」に焦点を絞った調査研究を進めてきました。その成果の一部を『迷惑施設としての学校―近隣トラブル解決の処方箋』（時事通信社、2017）として出版しましたが、そこで示したポイントは次の2つです。

1つ目は、トラブル解決の主役は教師ではなく、当事者としての子ども（児童・生徒）であること、2つ目は、学校・園もその住所表記のある町内会に入ろうということです。いずれも「主体性」と「当事者性」を自覚し、双方向で打開への道を探ることの提案でした。

前者についていえば、苦情を申し出る近隣住民からすると、生徒たちの存在や行動が、本来的なトラブルの原因であるにもかかわらず、教師がすべて前面に出てきて対応し、生徒たちに謝らせることもせず、当事者である彼らにトラブル解決の方法を尋ねようとしないことにも腹が立っています。そこに、そもそもの限界があるのではないでしょうか？　また、生徒たちが成長するチャンスも奪ってはいないでしょうか？

立ち上がった松本深志高校の生徒たち

一方で、具体的な行動を起こし始めた高校生たちがいます。長野県松本深志高校では、学校から出る音のトラブルを、生徒たちが近隣住民（町内会）との話し合いのなかで解決するようになり、実績を積み重ねているのです。

創設140年のこの伝統校が、80年前に現在地に移転したときは、四方が畑でしたが、今では戸建てと集合住宅がびっしり立ち並ぶ地域になっています。したがって、自転車通学のマナー、保護者による送迎の駐車問題だけでなく、「応援団の声がうるさい」「吹奏楽の音出しが迷惑だ」「夜勤明けなのに、軟式テニスの打球音がうるさくて寝られない」といった苦情が寄せられるなかで、生徒たちは満足な形で活動できず、窮屈な思いを抱え、我慢を重ねていました。住宅街に面した体育館の東側の扉には、「こちら側の扉は開けないでください」と貼り紙がしてあり、真夏でも開けることができず、軽音楽部は部室を段ボールで3重に目張りしていました。

多くの町内会住民は学校に対して好意的ですが、音に関する感じ方には個人差があり、生活スタイルの変化、音源からの距離もあるので、当然ながら苦情・クレームはなくなりません。LOSE－LOSEの関係に陥り、誰もが不満とストレスを抱えていました。

2016年秋に1人の女子生徒が立ち上がり、周囲の生徒に呼びかけて行動を起こし始めました。「音を出す団体」（実際にクレームを受けたことのある部活動）の責任者・生徒会長・合同協議会長・新聞委員長をメンバーとする実行委員会を立ち上げて、住民の人たちと直接話しながら妥協点を模索しました。校長・教頭とも相談し、職員会議での了解を取りつけ、各町内会を訪問してアンケート調査を行い、周辺140軒の家を手分けして個別訪問し、意見聴取を重ねました。

そして、同年11月20日と2017年3月19日の2回にわたり、「高校から出る音」についての住民代表との意見交換会の開催にこぎ着けました。この会合の場で、生徒たちが苦労し、腐心しながら部活動をしている姿を、住民たちは「初めて」知ることになります。印象的なのは、応援団が和太鼓をタオルとビニール袋で覆って消音に努めていることでした。住民たちは、「やっぱり伸び伸びと部活動をさせてあげなければいけない」という思いをもち始め、他方で生徒たちも、住民の目線に立って考えることの大事さに気づくことになりました。

第2回の意見交換会では、住民から「町会が解決のために力を貸すべきではないのか」との声が上がり、町会長から「住民対生徒さん、それに先生方も交えた議決機関をつくっておいたほうがいいんじゃないのか」との逆提案がなされました。生徒側の住民側への問いかけは、今度は生徒側に戻され、生徒会のなかに新しく「地域交流委員会」をつくることがめざされました。

ところが、順風が吹いたわけではなく、難航に次ぐ難航で、関係した生徒たちは意気消沈。それでも意思決定機関である生徒総会（5月22日）で、なんとか承認されました。

「鼎談深志」が意味するもの

こうして2017年5月27日に、松本深志高校地域フォーラム「鼎談深志」第1回が開催されました。その設置要綱の冒頭は、次のようにうたいます。

《私たち松本深志高等学校、生徒、教職員、近隣五町会は、ともに協働し、松本深志高校を取り巻く地域コミュニティのよりよい関係を目指し、広範な対話と工夫を尽くして課題を解決するためにこの要綱を定める》

つまり、単に音の問題だけでなく、防災、災害準備を含めた、学校と近隣住民に関わる課題の協議の場の創設です。組織は「鼎（かなえ）」であり、次の3団体で構成されています。

（1）生徒の代表（生徒会長、応援団管理委員会団長、地域交流委員長各1名）

（2）教職員代表（教頭、生徒部長、生徒会主任、地域交流委員会顧問）

※校長が入っていないことが面白いと筆者は感じています

（3）地域の代表（学校と隣接する5つの町の町会長）

これ以外に事務局も置かれました。構成3団体代表の計3名で組織されています。第1回会議では、「吹奏楽部の屋外音出し」と「大体育館の東面の北側窓の一部開放」の在り方が議論されました。これら一連の経緯をまとめた映像を同校の放送部が制作し、その作品「鼎談深志～私の新委員会創設物語」（8分間）は、NHKが主催する全国高校放送コンテストの第64回大会で、「テレビドキュメント部門」優勝の快挙に輝きました。「鼎談深志」の意義は、ある選考委員が語ったとされる「こういった取り組み自体を評価したい」というコメントからもうなずけます。

その後、「鼎談深志」は9月1日に第2回、11月16日に第3回（写真2）が開催され、私も

写真2　第3回鼎談深志（2017年11月16日）の様子

傍聴しました。当初の主力であった2年生メンバーが3年生に進級、そして卒業した後も、次の2年生が引き継ぎ、地域交流委員会は今なお新しい課題に取り組んでいます。

ところで、数年前から「PISA型学力」が、盛んに取り沙汰されるようになりました。そこで問われているのは、「生徒がそれぞれもっている知識や経験を基に、自らが将来の生活に関する課題を積極的に考え、知識や技能を活用する能力があるかをみるもの」（時事通信社『最新教育キーワード』、2007）とされます。工夫された出題だとしても、ペーパーテストにとどまる限り、それは空疎です。PISA型学力＝問題解決力というのならば、「自らの生活に関する課題」を「積極的に考える題材」は、学校

表9　松本深志高校フォーラム「鼎談深志」とは（「鼎談深志」事務局、2017年6月21日）

□個人の苦情を地域の課題に

松本深志高校には、近隣住民の皆さんから、吹奏楽の音が大きい、駐車マナーが悪い、自転車が危ない等々、日々苦情やお叱りの声がよせられます。この声に真摯に向き合ってきましたが、あくまでも個人のご意見として対応してきました。それは、寄せられる内容の実態、どれぐらいの皆さんが感じていらっしゃることなのか等の全貌がつかめなかったからです。

しかし、このような課題をフォーラムの課題として討議し検討することで、

住民個人の見解　➡　町会・地域の見解

として認識され、関係団体を含めて検討し対応を要請することが可能になります。

- **例えば、音の問題であれば、時間など活動のルール化、防音壁の設置、関係部室への冷房設置等です。**
- **また、駐車マナーの問題であれば、右側駐車、道路白線変更など市へ要望として陳情することもできます。**

□生徒の声を地域に

生徒の立場からすれば、今まで苦情やお叱りに対して縮小してきた活動が、努力の限界にきています。地域の皆さんと合意できるのであれば、少し緩和したいと願っています。この課題もフォーラムの課題として討議していただきながら、試行期間を設定し妥協点を探っていきます。

- **例えば、吹奏楽であれば、時間を限定した部室前の屋外練習、窓を一部開放した楽曲練習などです。**
- **また、大体育館であれば、夏期熱中症対策のための、昼間時間帯、北東窓開放などです。**

□課題は、同窓会・行政・関係者を巻き込んで解決する

いずれの問題も、三者だけで解決できない課題は、同窓会や市、関係団体とも協議しながら、工夫して解決することを目指しますので、どうかご理解とご協力をお願いいたします。

の内外にいくらでも転がっています。

中学校や高校が直面する近隣トラブルは、まさしく具体的で日常的です。生徒たち自らの利害（学校生活）と直接的に結びついているもので、生徒たちは傍観者として成り行きを見守る存在ではありません。学校部活動は、学校の抱える地域課題と調和できてこそ、子どもが主人公となり得るものだと思います。当事者意識をもたせて実際に行動を起こす、失敗やうまくいかなかった場合に次の策を考えるなど、トラブルを小さくして解決へと導く工夫と粘り強さ——こういった想像力・探求心と忍耐力、難しい交渉を共同で行うことこそが、まさしくＰＩＳＡ型学力でしょう。運動部活動においてこそ、子どもの自治が尊重されなければならないのです。

なお、鼎談深志の事務局が２０１７年6月21日付で出した説明資料（表9）には、次の言葉が記してあります。住民の立場からは「個人の苦情を地域の課題に」、生徒側からは「生徒の声を地域に」、そして「課題は、同窓会・行政・関係者を巻き込んで解決する」。この言葉にこそ、この取り組みの意義が集約されています。

［授業のまとめ］

学校―近隣トラブル解決のポイント

①トラブル解決の主役は、教師ではなく当事者である子ども（児童・生徒）

⬇当事者にトラブル解決の方法を尋ねようとしないやり方には限界がある

⬇生徒たちが成長するチャンスを奪っている可能性がある

②学校・園は、その住所表記のある町内会に入る

⬇学校や幼稚園・保育園と近隣住民との間に生じる摩擦は全国で大きくなっている

⬇紛争やトラブルを少しでも緩和しながら、折り合いをつけていくことが大切

中山 弘之
愛知教育大学 准教授

20時限目 教育学

学校の教育課程と部活動

教育課程とその2大領域

本授業では教育学の立場から、学校の教育課程と部活動との関係について、お話ししたいと思います（この授業では、対象を運動部のみならず、文化部なども含めた部活動全体に広げることとします）。

まず、教育課程という用語について簡単に説明しておきましょう。教育課程とは、教育の目標・内容・方法を、子どもの発達段階や特性などを考慮しつつ、系統的に編成した教育計画をいいます。学校の教育課程の領域は、教科指導と生活指導の2つに大別できます。

教科指導とは、国語・数学・体育など、教科の授業を中心に教科内容の習得をめざすものです。そして生活指導とは、学級づくり、学級・学校行事、児童会・生徒会の指導、集団づくりや人間関係の指導、問題行動への対応、学業・進路に関わる相談などを指しており、教科の授業以外の場で行われることから、教科外活動とも呼ばれます。

教育学の第一人者であった小川太郎氏によると、教科指導は「科学・技術・文化の基礎」を子どもたちに伝えることで、主として「知識・技能・能力・熟練」の発達（これを陶冶（とうや）といいます）を図るものである、としています。その一方で、生活指導は教科外における活動を中心に、「自治活動と文化活動と労働と社会的活動」を指導することを通して、主として「世界観」を含む「人格の形成」（これを訓育といいます）をめざすものである、としています。

以上のように、学校の教育課程は、教科指導と生活指導を相互に結びつけることを通して、子どもの知的・技術的な力と人間性を総合的に発達させようとしているのです。

学校の教育課程に対する部活動の位置

では、学校の教育課程と、教育課程外に位置づけられた部活動とは、どのような関係にあるのでしょうか。そのことを理解するために、埼玉県立浦和商業高校の定時制課程（以下、浦商定時制）の実践に注目してみましょう。

２００８年3月に統廃合によってなくなってしまったこの学校は、教職員を中心とした集団的な努力によって、不登校や暴力・犯罪行為など、さまざまな背景を抱えた子どもたちを「育つ主体」としてよみがえらせようとしていました。そして、生徒自身でつくる卒業式、生徒会などの自治活動、公開授業研究会、生徒・卒業生・保護者・教職員による4者協議会など、

「生徒が主人公」の学校づくりに取り組み、大きな成果を上げていました。

浦商定時制の部活動には、太鼓部がありました。この高校では、自己表現や他者との関わりが苦手な生徒たちのために、体育の授業で和太鼓に取り組んでいました。太鼓部は、その授業がきっかけとなって誕生した部活動でした。部活動の運営は、練習計画から公演の演目決定、たたき手の選考に至るまで、部員の自治によって行われていました。

ところで、浦商定時制最後の太鼓部部長であり、最後の生徒会長でもあった生徒（この生徒も不登校経験をもっていました）は、太鼓部の定期公演を自分たちでつくり上げていった経験について、「この取り組みを成功に導くために役立ったのが、それまでの高校生活で行ってきた『冒険』という名の経験であると思っている」と述べています。彼によれば、「冒険」とは、1年生のときから参加してきた生徒会執行部における自治活動の経験を指しています。つまり彼は、生徒会活動が部活動の自治的運営に生かされたと述べているのです。

このような浦商定時制の事例からは、部活動は、すべての生徒が日常的に取り組んでいる学校の教育課程における教育活動と、密接に関係していることがうかがえます。

この点は、理論的にも裏づけることができます。

先に紹介した小川氏の論述に再び注目すると、彼は、学校における生活指導として、「自治活動」(児童会・生徒会、学級づくりに向けた集団活動など)、「労働の指導」(今日でいう当番活動における掃除、飼育、栽培など)、「社会的活動」(水害救援、平和運動など)などとともに、「文化活動」を位置づけていました。この「文化活動」には、クラブ・サークル(今日でいう部活動)のほか、学芸会・運動会・修学旅行などの学校行事が位置づけられています。すなわち彼は、部活動を生活指導の一環として位置づけていたのです。

一方、本書を監修している神谷拓氏も、学校における教育活動を「教育課程の教育活動」と「教育課程外の教育活動」とに分けて、運動部活動の位置づけを試みています。そこでは、教授(教科指導)と教科外活動(生活指導)を「教育課程の教育活動」に位置づける一方で、運動部活動を「教育課程外の教育活動」に位置づけています。そして、運動部活動は「教育課程の延長で行われる教育活動」であり、教科指導における陶冶と生活指導における訓育を「発展・強化する場」であると述べています。彼は運動部に限定して論じていますが、文化部も同様の位置づけにあると考えられるでしょう。

小川氏と神谷氏の部活動の位置づけ方には若干異なるところがありますが、いずれも教科指導・生活指導で構成される学校の教育課程と深い関連があると位置づけている点では、共通しています。すなわち、彼らの論述に学ぶならば、部活動を指導する際は、学校でのさまざまな教科の授業と、学級づくり、児童会・生徒会、学校行事における自治の指導との関連を視野に入れる必要があるのです。

教科指導・生活指導から部活動へ

教科指導や生活指導が、どのように部活動で生きるのかについて、さらに詳しく解説していきましょう。まず、教科指導との関連から見ていきます。

神谷氏は、運動部活動と教科指導との関連について、運動部の練習・試合における指導が体育授業に関連づけられると述べています。例えば、「『みんなでうまくなり、合理的にプレーできる』ための指導」という側面から関連づけるという具合です。ちなみに、この考え方は音楽授業と音楽系部活動についても適用することが可能です。音楽授業と音楽系部活動を「みんなでうまくなり、豊かに演奏できるための指導」の側面から関連づける、といった具合です。

小川も同様に、教科指導とクラブ・サークルを含む生活指導との関係について、「教科指導における系統的な陶冶の結果として習得された、知識・技術・能力・熟練が、生活指導の領域での実践に適用され、生かされ」、そして「学習における理論と実践の統一」が実現されるという捉え方をしています。なかでも、クラブ・サークルにおいては、「科学と技術の学習の結果が役立てられる」とともに、「芸術的、身体的な表現の場が拡大される」と述べています。

このように、部活動と教科指導は、教科指導で習得した知識・技術などを、部活動においてより実践に生かして発展させるという形で関連しているといえます。先に紹介した浦商定時制の太鼓部は、体育における和太鼓の授業と深い関わりがありました。これも、運動部活動と教科指導が関連づけられている例として捉えることができるでしょう。

次に、生活指導との関連について述べます。神谷氏は、学級活動や学校行事における役割分担や、クラス・班・グループの名称・目標・スローガンづくりなどの指導が、部活動における組織・集団の諸活動に生かせると指摘しています。つまり、教科外の生活指導における自治的な集団活動と、部活動における組織運営などが関連するということです。

浦商定時制の生徒のコメントも、生徒会という生活指導における経験が、和太鼓部における自治的活動に生かされたことを指摘しているもの、といえるでしょう。

神谷氏も指摘するように、学校の教育課程における教育活動は「限られた時間内で効率的に行う必要」がありますが、部活動においては、そうした「時間的な制約」から「解放」されます。そのため、日常の生活指導における自治的な諸活動を発展させる上で、相対的に自由な活動である部活動は、大きな意義をもっているといえます。

部活動から教科指導・生活指導へ

さて、教科指導・生活指導と部活動との関連について考える上で、もう1つ見逃せないことがあります。それは、これまで述べてきたこととは逆に、部活動の経験が、学校の教育活動全体における子どもの学習意欲の形成や、協力的な人間関係の形成に生かされる場合がある——言い換えれば、部活動が学校生活における子どもの主体性の形成に寄与する場合がある、ということです。

小川氏によれば、クラブ・サークルなどの「文化活動」や「自治活動」「労働の指導」「社会的活動」は、「教科外といういちおう自由な領域」で「子どもたち自身の集団的な生活と活動の範囲」で行われるものであり、特に「文化活動」などは子どもたちを夢中にさせる活動であると捉えています。彼は、こうした活動のなかで「権利の主張と要求の実現」が保障されるならば、「学習の規律」「学習における相互援助」「学習の意欲」がつくられたり、「今まで矛盾におしひしがれていた子どもたちの学習意欲」が燃え上がったりする場合があることを述べています。つまり、小川は、今日でいう自治的な部活動をきっかけとして、子どもの学校生活全体における主体性が育つ可能性を指摘しているのです。

学校現場の教員から、部活動で自信をつけて変わる生徒がいるとの声がよく聞かれますが、それは理論的にもいえることなのです。

このことを踏まえると、教員には、部活動で育った子どもの力を、学校における教科指導・生活指導においてさらに伸ばそうとする姿勢が求められます。また、部活動で行っている自治を尊重した指導を学校の教育課程にも拡げようとする姿勢も必要でしょう。

生活指導論についての深い見識を

これまでの話から、部活動は、学校の教育課程と深い関連があるゆえに、教科指導・生活指導と関連づけた指導によって、子どものますますの発達が期待されること、また、学校生活全体における子どもの学習意欲などを育てる可能性があること、などが理解できるでしょう。その意味で、部活動が子どもの発達に果たす役割は、とても大きいのです。

しかし実態としては、部活動には子どもの発達にかえって悪影響を与えかねない側面もあります。顧問の教員・指導者による部員の徹底管理、勝利至上主義、体罰、暴力その他の部員のゆがんだ人間関係などです。

私の周囲の学生からも、部活動については、多くの肯定的な声とともに、否定的な声が一部から聞こえてきます。そうした声の背景を探ってみると、顧問の教員や指導者による不適切な指導、部活動に子どもの自由や自主性が相対的にあるがゆえに生じる理不尽な人間関係のトラブルなどを経験したことが大きかったようです。

つまり、部活動を子どもの豊かな発達につなげるには、顧問教員や指導者が、子どもの自主的な活動を可能な限り尊重できるかどうかが問われます。また、組織運営や人間関係上のトラブルの際には、自治的・民主的な集団づくりの力を育てる見通しをもった、適切な指導ができるかどうかが問われます。その意味では、真に部活動における自治を確立するためには、自治的・民主的な集団づくりの在り方について探究してきた、教育学における生活指導論の見識を、教員や指導者が十分に身に付けていることが必要不可欠といえるでしょう。

引用・参考文献には生活指導論の文献も挙げておきました。関心のある方は、この文献をはじめとした生活指導論の著作をぜひご覧ください。

【引用・参考文献】
1）小川太郎『教育科学研究入門』明治図書／1965
2）神谷拓『運動部活動の教育学入門』大修館書店／2015
3）神谷拓編著『対話でつくる教科外の体育』学事出版／2017
4）平野和弘編著『オレたちの学校 浦商定時制』草土文化／2008
5）山本敏郎ほか『新しい時代の生活指導』有斐閣／2014
6）「実現のため、内容も吟味を 部活動に休養日、学会で議論」（中日新聞〔CHUNICHI Web〕記事／2018年4月1日 https://www.chunichi.co.jp/article/feature/kyouiku/list/CK2018040102000002.html（最終アクセス2018年8月29日）

POINT

［授業のまとめ］

教科指導・生活指導と部活動との関係
○教科指導・生活指導が部活動に生きる点
・教科指導で習得した知識や技術などを部活動で実践的に生かして発展させる
・生活指導における自治的な集団活動を部活動の組織運営などに生かして発展させる
○部活動が教科指導・生活指導に生きる点
・部活動の経験が、学校における子どもの学習意欲の形成や、協力的な人間関係の形成につながる（部活動が学校生活における子どもの主体性の形成につながる）

部活動を子どもの豊かな発展につなげるために
○部活動と学校の教科指導・生活指導との関係を意識した指導を行う
○顧問の教員や指導者が、生活指導論についての深い見識を身に付ける

高妻容一
東海大学体育学部 教授

21時限目 スポーツ心理学

「子どもの主体性を引き出す」ためのスポーツ心理学講義

——運動部活動指導で使われる言葉に注目して

子どもの心理面を考慮したコーチング

本授業では、スポーツ心理学の立場から運動部活動についてお話ししたいと思います。

本書においては、運動部活動が「教員・指導者のサポートを得ながら、子どもたち自身で運営していく活動である」と定義されています。ちなみに、私が専門とするスポーツ心理学は、「スポーツに関わる事象や問題を心理学の立場から研究する学問」と定義されています。これらの定義を踏まえれば、運動部活動は教員・指導者のサポート（指導ではなくコーチング）を得ながら、子どもたち自身（自立・セルフコントロール）で運営する（自分たちで考え行動する）活動であると考えられます。つまり、教員・指導者から教えてもらうのではなく、よい方向へ導くようなサポートを受け、子どもたちが自らモチベーションを高めて、自主的に活動することと考えられるでしょう。

なお、スポーツ心理学では、動機づけ、適性、練習（運動学習）、スキル、作戦・方略、適応、臨床心理の7つが主要な研究テーマとなっています。また、スポーツ心理学の応用である応用スポーツ心理学には、パフォーマンス心理学という競技力向上を目的とした心理的サポートや、メンタルトレーニングの指導をする分野もあります。ここでの心理的サポートは、英語ではコンサルティング(Consulting)といい、これはスポーツ心理学の専門家が選手をサポートする意味で使われます。

このように、テーマや対象は多岐にわたりますが、今回の授業では、子ども・選手の上達、実力発揮、人間的成長を目的にした競技力向上の観点から、子どもの心理面を考慮したコーチング(サポート)について紹介します。これにより、子どもが自ら行動し、取り組んでいく運動部活動のイメージが理解できると思います。

やる気を出せ!

運動部活動指導の現場では、教員・指導者が「やる気を出せ!」と叫んでいるシーンをよく見かけます。しかし、その際に「やる気を出せ!」と言われた子どもは、「はい」と返事をするものの、どうすればやる気を出せるのか、理解していないケースが多くあります。そのような状況において、スポーツ心理学の専門家(スポーツメンタルトレーニング指導士・上級指導士/日本スポーツ心理学会認定資格)が、やる気の高め方を指導・サポートするこ

表10 目標設定用紙（結果目標）

【この用紙の書き方】

最初に、人生の目標を上から順番に書いてください。
人生の目標を下まで書き終わりましたら、自分で書いた人生の目標を見ながら、
右のスポーツの目標を上から順番に書いてください。
（制限時間10分で書いてください）

	人生の目標	スポーツの目標
夢のような目標		
最低限度の目標		
50年後の目標		
30年後の目標		
10年後の目標		
5年後の目標		
4年後の目標		
3年後の目標		
2年後の目標		
1年後の目標		
今年の目標		
半年の目標		
今月の目標		
今週の目標		
今日の目標		
今の目標		

表11 目標設定用紙（プロセス目標）

【この用紙の書き方】

前に書いた目標設定用紙（結果目標）を見ながら、その結果目標を達成させるには何をどうしたらいいかのプロセス目標（プラン）を下記に書いてください。

	人生の目標	スポーツの目標
夢のような目標		
最低限度の目標		
50年後の目標		
30年後の目標		
10年後の目標		
5年後の目標		
4年後の目標		
3年後の目標		
2年後の目標		
1年後の目標		
今年の目標		
半年の目標		
今月の目標		
今週の目標		
今日の目標		
今の目標		

これを書いた感想を書いてください。

とがあります。

スポーツ心理学では、目標設定というプログラムを実施すると、やる気が高まるという多くの研究報告があるため、そのプログラムを子どもたちに実施することになります。具体的には、自分の人生のなかで、今実施しているスポーツをどう考えて夢や目標にし、何をしているのかを確認し、何をすべきかを認識することで、心の底からの(内発的)やる気を高めるのです。一方、「ご褒美をもらえる」とか「監督に怒られるからやる気を出す」とかという外発的なやる気(自分の心の外側の刺激)もあります。多くの研究では、外発的なやる気よりも、内発的なやる気をもつ選手のほうが上達すると指摘されています。

目標設定のプログラム例を示すと、表10、11のようになります。これらを見ればわかるように、結果目標、プロセス目標、年間計画、月間計画、週間計画、毎日の目標、今日の目標、練習日誌までを実施できるように、プログラムが体系化されています。

読者の皆さんも、実際にこのシートに記入してみましょう。最初に表10の結果目標を書き、書いた結果目標を見ながら、その夢や目標をどのように達成するかという表11のプロセス目標を書いていきます。このような作業をすることで、どういうプロセスによって子どもに「やる気」を出させることが可能かを理解できるでしょう。

落ち着け！ 平常心だ！

スポーツの試合では、ピンチやチャンスの場面で緊張やプレッシャーを感じることが多くあります。重要な場面で、いつもと違う表情、態度、行動をする子どもに向かって、指導者やチームメートが「落ち着け！」「平常心だ！」「いつも通り！」などの声かけをする場面が見受けられます。

しかし、スポーツ心理学の立場から述べれば、このような場面に対処するには、セルフコントロール能力を高めるトレーニングが必要です。いくら教師・指導者が「落ち着け！ 平常心だ！」と叫んでも、何をどうすれば落ち着くことができ、平常心になれるのかという方法を理解し、日頃からトレーニングをしていなければ、実際には何もできないからです。

そこで、毎日の練習で「リラクセーション」や「サイキングアップ」といった、セルフコントロール能力を高める心理的ウオーミングアップをコツコツと積み重ね、実際に活用する方法があります。ここでいう「リラクセーション」や「サイキングアップ」を具体的に説明しましょう。

リラクセーションは、音楽の活用・呼吸法・表情・姿勢・態度・漸進的筋弛緩法（順番に筋肉を緊張させ、リラックスさせるプログラム）・瞑想（マインドフルネス）・消去動作などを実施するものです。その後、簡単なイメージトレーニングを行い、サイキングアップという気持ちを乗せる心理的ウオーミングアップを実施するのです（サイキングアップとは、軽快な音楽をかけ、音楽に合わせて呼吸を速く、強くし、同時にジャンプや、2人1組でのパートナーワークとしてボクシングなどを行い、心拍数を120拍程度に上げます。それから、あっち向いてホイなどの楽しいゲームをして気持ちを乗せていく心理的ウオーミングアップです）。その後は、普段通りの身体的ウオーミングアップやトレーニングをしていくことになります。

集中しろ！

「集中しろ！」という言葉も、運動部活動指導の現場でよく飛び交っています。しかし、集中の仕方を指導されていなければ、どうすればいいのかわかりません。ところが、実際の指導の場面では、「集中しろ！」と言われた子どもが何もしないため、教員・指導者は怒り、罰を与えることがあります。それでもなお、どうすればいいか指導されていない子どもは、「はい」という返事を繰り返すことしかできません。指導者は「何度言わせるんだ！」と感情的になり、それが体罰につながっているケースもあるのではないでしょうか。

スポーツ心理学には、集中力を高める呼吸法、イメージを使う方法、フォーカルポイントという目を使った方法、筋肉に意識を集中する方法、そして自分のプレー前の手順に意識を集中し、雑念や邪念を払拭するプリパフォーマンスルーティンという方法があります。そのため、それらの方法を紹介して毎日の練習で積み上げることにより、試合などでも使えるようにしていきます。

この授業でそのすべてを紹介することはできませんので、ここでは、プレー前の心の準備として集中力を高めるプリパフォーマンスルーティンを紹介します。これはメジャーリーグで活躍し、２０１９年に現役を退いたイチロー選手が毎回実施する「バット回し」を思い出すとよいでしょう。同じ手順で同じ動作を行うことにより、呼吸を安定させ、マインドセットをし、平常心でいつものプレーをするというものです。これを習慣化して集中力を高め、いつも通りのプレーができるようにしていくのです。それには、ルーティンとして使いこなすためのトレーニングが重要です。

強気だ！ 自信をもて！

「強気だ！」「自信をもて！」「ポジティブだ！」などという言葉もよく耳にします。これらは「プラス思考でプレイしろ！」という意味だと考えますが、選手は何をどうすれば、強気で・自信をもって・ポジティブにプレーができるのかを理解できているでしょうか。

メンタルトレーニングの場面では、子どもたちにプラス思考とは何か、何をどうすればいいのか、どのようなトレーニングをすればいいのかを指導し、スポーツメンタルトレーニング指導士が毎日の練習や試合、あるいは日常生活をサポートします。具体的には、セルフトークという「考え方や独り言」を使ってトレーニングします。口から出る声や独り言を、すべてポジティブにしていくのです。「よーし！」「まだまだ！」「いける！」などです。

また、口から出る会話をすべてポジティブにしていく方法もあります。例えば運動部活動では、指導者や先輩から「挨拶をしろ！」と言われることが多くありますが、なぜ挨拶をしなければいけないのかを説明せず、頭ごなしにそう言われてきた歴史があります。そこでメンタルトレーニングでは、挨拶は他人に対するコミュニケーションでもあるのですが、自分の集中力を高め、準備し、プラス思考になるための心理的テクニックだと指導します。

例えば、こんな実験をしてみましょう。最初に、①会釈をして静かな声で「こんにちは」と言います。次に、②少し大きな声で「こんにちは！」と言います。そして最後は、③笑顔で大きな声を出して「こんちは〜！」と言います。笑顔で大きな声を出して挨拶すると気持ちが高まり、集中もでき、プラス思考になるはずです。同時に、他人に対しても笑顔で気持ちいい挨拶をすれば、相手もそれに応じてくれるでしょう。

このほかにも、目・顔・態度・姿勢・歩き方・身ぶり・手ぶりなど、すべての行動を自信があるように振る舞うなどのプログラムもあります。プラス思考のトレーニングとは独り言（セルフトーク）やコミュニケーションをポジティブにすること、あるいは自信があるふりをすることに24時間チャレンジし、これを毎日の生活のなかで積み上げて、プラス思考を習慣化するプログラムなのです。

おわりに

この授業では、「運動部活動は教師・指導者のサポート（指導ではなくコーチング）を得ながら、子どもたち自身（自立・セルフコントロール）で運営する（自分たちで考え行動する）活動である」という前提に立って、スポーツ心理学のメンタルトレーニングの事例を挙げながら、これまでの指導の問題や課題を示しました。今後は、多くの方が授業のなかで示したような疑問・課題を解消し、選手とコーチが心理面の重要性を納得し、指導者が選手の心理面を考慮した練習や指導（サポート）を行うことを期待しています。

指導者（コーチ）は、すべてのコミュニケーションや行動をポジティブにすることが可能です。それによって選手の意識が変わり、運動部活動がよい雰囲気になり、すべての子どもたちがスポーツを好き・楽しい・面白いと感じるようになるでしょう。そしてそれを積み重ねることで、子どもは自信をもって練習や試合ができるようになっていくのです。

【引用・参考文献】

1）加賀秀夫「スポーツ心理学とは」『日本体育協会編C級コーチ教本』日本体育協会／1998／51ページ

2）荒木雅信「スポーツ心理学とは」『これから学ぶスポーツ心理学 改訂版』大修館書店／2018／1ページ

3）高妻容一「スポーツ心理とメンタルトレーニング」『トレーニング指導者テキスト 理論編』大修館書店／2014／148ページ

4）高妻容一『イラスト版 やさしく学べるメンタルトレーニング 入門者用』ベースボール・マガジン社／2012／29～36ページ

5）高妻容一『新版 今すぐ使えるメンタルトレーニング 選手用』ベースボール・マガジン社／2018

6）高妻容一『新版 今すぐ使えるメンタルトレーニング コーチ用』ベースボール・マガジン社／2014

7）高妻容一『基礎から学ぶメンタルトレーニング』ベースボール・マガジン社／2018

POINT

［授業のまとめ］

子どもの心理面を考慮したコーチング（サポート）

○やる気の高め方…目標設定
自分の人生において、今実施しているスポーツをどう考えて夢や目標にし、何をしているのかを確認し、何をすべきかを認識することで、心の底からの（内発的）やる気を高める

○緊張やプレッシャーをはねのける…セルフコントロール能力の向上
「リラクセーション」や「サイキングアップ」といった、セルフコントロール能力を高める心理的ウオーミングアップをコツコツと積み重ね、実際に活用する

○集中力を高める…集中力向上の方法を使いこなす
呼吸法、イメージを使う方法、フォーカルポイント（目を使った方法）、筋肉に意識を集中する方法、プリパフォーマンスルーティン（自分のプレー前の手順に意識を集中し、雑念や邪念を払拭する方法）

○自信をもつ…ポジティブ思考（プラス思考）
セルフトーク（口から出る声や独り言をすべてポジティブにしていく方法）、会話をすべてポジティブにしていく方法、すべての行動を自信があるように振る舞う方法

川地 亜弥子

神戸大学大学院人間発達環境学研究科 准教授

22時限目 教育方法学

スポーツ部活動の自治と評価

教科外の活動の意義

私は大学で、教員を目指す人の授業を担当しています。子どもの自治や自立に関わる領域の授業もあります。その授業で、ここ10年連続して、「小・中・高の学校生活のなかで、あなたの人間形成に影響を与えた出来事・人・物などから、10個選んで書こう」という課題を出しています。題して「私の学校生活10大事件」。「10大」と「重大」をかけており、「10個も思い出せない」という場合には、思いつくだけ書けばよいことにしています。「事件」と銘打っていますが、日常の他愛もないことで構いません。また、「書きたくないものは書かなくてよい」ということも伝えています。皆さんも思い浮かべてみてください。

書き終わったところで、「そのなかで国語・数学・理科・社会・英語・音楽・美術・体育・家庭科など、教科に関連する出来事・人・物が入っている人はいますか？」と尋ね、手を挙げてもらいます。そうすると1割もいません。書かれたワークシートを回収して確かめても同様です。ちなみに、学校教育法施行規則に記されている中学3年生の授業時数をもとに、教科の時数の割合を計算してみると、何と86・2パーセントです。

この後、総合学習（正確には「総合的な学習の時間」）、道徳（この授業を受けた学生たちの時代には、道徳はまだ「特別の教科」になっていませんでした）、学級活動・ホームルームと、教育課程として時数が配当されているものについても尋ねます。しかし、あまり手は挙がりません。

一気に手が挙がるのは児童会・生徒会活動、学校行事（特に文化祭、体育祭などの文化的行事、体育的行事）です。これらは教育課程上、特別活動に位置づけられていますが、時数は決まっていません。

そして、最も挙手が多いのは、部活動です。部活動は「学校教育の一環」と学習指導要領で位置づけられていますが、教育課程のなかには入っていません。もちろん、時数の割り当てもありません。それでも多くの学生から、最も自分に影響があったもの、しかもよい影響があったものと受け取られています。

時数の割り当てが決まっていないもののほうが人間形成への影響が大きい、ということに驚く学生もいます。一方、当然だ、と考えることもできます。時数の割りあてがないということは、やるのか・やらないのか、やるならどんなことを、どの程度、どのようにやるのか、などを決められ、自由度の高さにもつながるからです。やりたい人が集まってやる、という自治の度合いが強いのです。

教科と比べてみましょう。教科の授業の場合には、授業時数、指導内容などは、おおよそ学年で決まっており、単元計画や集団編成なども基本的には指導者が考えます。子どもや青年が自由に決められる余地は、それほどありません。普通に授業を聞いていたら淡々と時間が過ぎていく、と表現した学生もいます。

一方、自治の性質が強い活動では、メンバーが自分たちで決めなくてはいけない分、予想外の喜びや悲しみ、出会い（出合い）、衝突があります。そのため、人間形成に大きな影響があった、と青年が振り返るのでしょう。こうした教科外の活動に、どのくらい力を入れるかは学校によってさまざまですが、学生のこうした声を聞くと、たとえ受験に直接関係なくとも、自分はこのように生き、自分を形づくってきたのだ、と語ることのできる経験を重視すべきではないかと考えています。

なお、優れた教科指導のなかには、子どもや青年が、まさに自分（たち）で問題に取り組み、自治的に進めていく学習を重視したものもあり、教科外の活動でなければ自治的な経験が得られないわけではありません。ただ、教科外の活動は、活動内容を子どもたちが創造することを重視し、自治的な経験を保障するところに焦点を絞って指導を行うことができます。

そのため教科外の活動は、自治の観点から、今後一層の研究が進められるべきでしょう。

自治の重視と指導

ここからは話を部活動に絞ります。部活動は、学校教育の一環である以上、教師の適切な指導・支援を受けることが保障されるべきです。自治を重視しますが、放任とは違います。放任した結果、子どもたちのなかで「プレイでミスしたら、後で罰を与える」というルールが横行し、ほとんどイジメのような状況になっていた、という事例もあります。休みの日の自主練習で過度な内容に取り組んで故障に至る、ということもあります。

一方、何をどのようにするか、指導者が常に監視して指示を出していては、自治は育ちません。では、どのように指導するとよいのでしょうか。

部活動の目標と評価

部活動における自治を育てるためには、活動の方針・目標を部内でよく議論し、共有することが重要です。そのことを、図7で解説します。

例えばスポーツ部活動の場合、「うまくなりたい」「○○選手のようにかっこよくプレイしたい」という、やや曖昧なイメージから、「塁間を○秒で走る」「新しい変化球を覚える」のように技術に関するもの、「夏の地区予選を勝ち上がり決勝に出場する」という勝敗に関するもの、「みんなで感動を共有したい」「今年こそケガをしない」のように特定の部活動に限定されない願いなどをもって、メンバーは参加しています。

そうした多様な思いを出し合って、方針（大きな目標）を立てます（図7／①目標・方針立案・共有）。このとき教員も、学校における活動として「これは守ってほしい」ということと、自分の願いを伝えます。部のリーダーに話し合いをまとめる力があれば、教師はあまり出なくてもよいですが、そうでない場合には、積極的に流れをつくっていくことも必要になります。例えば、「勝つためには、精鋭の選手を中心に活動して、監督の命令通りにプレイする練習をすべきだ」と思っている子どもがいるときには、学校教育としての部活動について、きちんと説明していくことも必要でしょう。

次に、方針に沿って必要な活動内容、具体的な目標、役割分担、ルールなどを決めます（図7／①活動の具体化）。なお、こうして決めても、部員のなかでの理解の度合いはさまざま

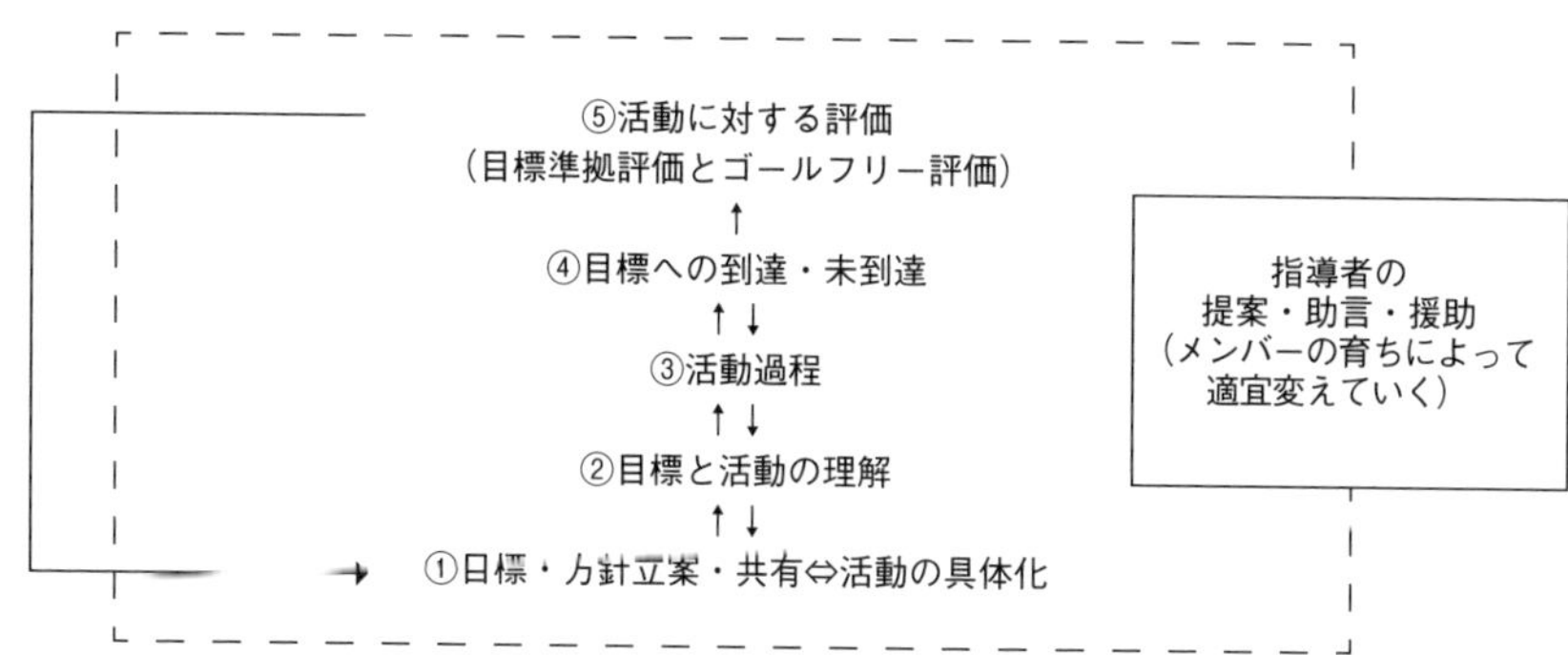

図7　部活動における自治を育てるためのプロセス

世羅博昭編著『6年間の国語能力表を生かした国語科の授業づくり――教科書教材からはじめるやさしい単元学習　小学校1～6年』（日本標準、2005、p.11）に着想を得て、筆者が作成。外側の点線は、指導者の提案・助言・援助の枠内でしか活動させないわけではなく、あくまでも自治を育てるための指導・支援であることを表す。⑤→①のプロセスは指導者の発想を超えるものもあることを強調して描いている

です。なぜそうするのか、うまく理解できないところがあったときに、率直に質問することができるような「開かれた部活動」であることが重要です。ここで尋ねることができないと、後のトラブルにつながるからです（図7／②目標と活動の理解）。

そして、実際に活動してみて（図7／③活動過程）、うまくいかないところがあれば修正します。図7でいえば、矢印が上下に書いてあるところに当たります（図7／①↕②↕③↕④）。「決めた通りになぜやれないのか」「なぜこんなことをやらないといけないのか」など、意見が対立することもありますが、不満をそのままにしておかずに「きちんと言えた」「話し合えた」ことの重要性を説明し、メンバーや組織・集団の成長

につながっていると意義づけていくことが大事になります。

ここでの対立を「失敗」と捉える子どもや青年もいるかもしれませんが、こうした対立は、部員が自分たちで願いを明確にして動きだしていること、つまり自治が進んできたことの証左でもあります。自治の進み具合にもよりますが、指導者は、活動が充実していく過程では必ずあるものだと積極的に意義づけ、部員を励まし、相談に乗ることが重要でしょう。

活動の区切りでは、今までの取り組みをみんなで評価しましょう。評価といっても、点数をつけるという意味ではありません。図7の⑤「活動に対する評価」のところでは、目標準拠評価とゴールフリー評価、という教育評価の用語を使っています。目標準拠評価というのは、具体的な行動目標に準拠した評価です。一方、ゴールフリー評価とは、そうした具体的な行動目標（ゴール）にとらわれない評価を指します（目標がない評価という意味ではありません）。

例えば、「新しい作戦で試合には勝った（目標準拠評価）けれど、レギュラー中心の練習に偏りすぎていて、レギュラーじゃない人、特に1年生にとって楽しくなかったのではないか（ゴールフリー評価）」などです。これは、「作戦を成功させ試合に勝つ」という行動目標から見れば目標を達成しているのですが、そもそもなんのために部活動をしているのか、1年生もプレイを楽しみたかっただろうし、そうできたのではないか、という評価です。

目標準拠評価だけでは、「勝つためにはほかの人が犠牲になっても仕方がない」という考えに陥る危険性がありますが、ゴールフリー評価を入れることによって、「そもそも、なぜこの部活をしているのか」という原点に立ち戻ることができます。

時には「部活に入ったときには『うまくなって勝つ』ことが目標だったけれど、勝負を超えたスポーツのよさがあるんだ」と新しい価値に気づくきっかけになります。「ルールをこのように変えてみたら、作戦の幅が広がって、勝負がもっと面白くなるのでは」「人数やコートの大きさを変えれば、いろんな人が同時に楽しめる」と、新しいスポーツ文化の創造につながることもあるでしょう。こうした場に参加して、にぎやかに議論することは、指導者と部員という立場を超えて、スポーツ文化の新しい魅力を発見することにもつながります。部員から、指導者もあっと驚くようなユニークなアイデアが出されることもあるでしょう。

そして、このような評価を経て、また次の方針・目標を設定していくのです(図7／⑤→①)。

指導者の役割

学校教育における部活動の指導者として、ぜひ大事にしてほしいことがあります。

1つ目は指導者、保護者、学校、地域が担っている役割について、子どもたちが気づくようにし、さらには具体的な部活動のなかで、徐々に子どもたちが担えるようにしてほしいということです。

例えば神谷氏は、運動部活動の自治内容として、(A) 練習・試合だけでなく、(B) 組織・集団、(C) 場・環境へも視野を広げることを提唱しています (本書の1時限目でも述べています)。BやCを経験することで、学校を卒業した後も活動の場をつくる力がつき、新しいスポーツ文化を創造するような力もつくことでしょう。また子どもや青年を、新しい社会を創造する主人公に育てていく取り組みにもなります。もちろんスポーツに限った話ではなく、ほかの取り組みに広げていくこともできるでしょう。

2つ目は、発言があまり得意でない子ども・青年の声を大事に聞いていくことです。おとなしくて何を考えているのかわからないように思えるメンバーとこそ、丁寧につながってほしいのです。それは学校部活動が、「参加したい」と入ってきたみんなを重視する場である以上、そうした子どもたちの参加を、練習・試合で保障するだけでなく、神谷氏の指摘するB、Cでも広げてほしいからです。特にBとCは、お互いに意見を出して合意形成していくことが重要であるため、話すことが苦手なメンバーは参加しづらいものです。指導者が率先して、そうした子ども・青年たちとつながり、意見を引き出すところから始め、徐々に彼らが自ら発言できるようになるように働きかけていくとよいでしょう。

例えば部活ノートは、メンバーが自分自身の課題や成長を捉えるための、いわば自己評価ツールとしても有効ですが、指導者が部員の思いや願いを捉え、適切に指導していくためにも重要です。部活動通信を出したり、メンバー間でノートを書いて回したりすると、お互いの思いを知ることができます。実際に、学校の学級活動においては、書いて（綴って）交流する指導を重視してきた長い歴史があります。

もちろん、こうした取り組みは部の雰囲気、信頼関係の育ちによって随分変わってきます。何か書かせて読んでいるだけで、必ず考えが理解できるわけではありません。しかし、そのような意見の交流や平等な人間関係は、部活動において自分たちで課題を解決していくために必要不可欠な条件でもあります。そのため、子ども・青年たちにも、自分たちの部活動はみんなで話し合えているのか、また、どうすればみんなが話しやすくなるのか、と投げかけ、働きかけていくとよいでしょう。

以上で述べたことからも明らかなように、部活動の指導は練習や試合、発表会などでスポットライトがあたる部分の指導に優れているだけでは難しく、自治の指導の専門性が必要になります。自治の指導は、技術の指導以上に時間がかかります。部活動指導を外部の指導者に依頼する際には、こうした点もしっかり伝えていく必要があるでしょう。また、教員が担当する場合にも、正当な手当の支給といった条件整備が不可欠です。

【引用・参考文献】
1）神谷拓『生徒が自分たちで強くなる部活動指導』明治図書／2016
2）川地亜弥子「『教科外教育・活動』教育目標・評価学会編」『「評価の時代」を読み解く（下）』日本標準／2010／164～175ページ
3）河原尚武「教科外教育における目標・評価研究の原則を求めて（2）」『教科外教育と到達度評価』第4号／2001／1～13ページ
4）田中耕治編著『よくわかる教育評価　第2版』ミネルヴァ書房／2010

［授業のまとめ］

スポーツ部活動の自治と評価

●学校教育における部活動の指導者が大事にすべきこと
・指導者、保護者、学校、地域が担っている役割について、子どもたちが気づくようにし、さらには具体的な部活動のなかで、徐々に子どもたちがそれを担えるようにすること
・発言があまり得意でない子ども・青年の声を大事に聞くこと

釜崎 太
明治大学法学部 教授

23時限目 スポーツ文化論

ドイツのスポーツクラブから考える「運動部活動の自治とスポーツ文化」

はじめに

私の授業では、ドイツ研究者の立場から、ドイツのスポーツクラブを紹介した後に、日本の運動部活動について考えたいと思います。

ドイツに限らず、どこの国でも日本との文化や歴史の違いを多少なりとも含んでいますが、外国との比較というのは、その違いにかかわらず、私たちが外から学ぶべきことは何なのか、それを知るために重要だという前提に立っています。特に、運動部活動も含め、日本の体育界の場合、集団の思考が内に閉じてしまって、自らの習慣を相対化する外の視点に欠けがちですから、比較の意義は小さくないと思います。

私たちの外側にあるドイツのスポーツをのぞいてみると、ブンデスリーガと呼ばれるプロのサッカーリーグに、まず目が留まります。観客動員世界一として有名なブンデスリーガでは、1試合の平均観客数が4万5000人にも上ります。このような隆盛は、1990年代のビジネス改革を抜きにはあり得ませんでした。例えば、若い女性や家族連れ、サッカーにあまり興味をもっていない人、障がい者など、誰もが訪れやすいスタジアムにする工夫です。

しかし残念ながら、日本ではビジネス改革が成功したとしても、2部リーグを含めた全国40クラブのスタジアムが満員に近い状態を経験するといった、爆発的な成長は考えにくいことでしょう。

ドイツの場合、全国各地に広がる9万のスポーツクラブが、プロのリーグを支えています。つまり、子どもから高齢者まで、男女の別なくスポーツを楽しむことが習慣化されていて、いわばスポーツが生活の一部になっているのです。しかも、そうした地域に根ざしたスポーツクラブが、ブンデスリーガに所属するプロクラブのオーナーでもあるのです。

例えば、FCバイエルン・ミュンヘンの経営陣は、間接的にではありますが（仕組みは多少複雑ですが）、バイエルン・ミュンヘン・スポーツクラブの会員による選挙によって選出されます。ドイツでは、若干の例外を除けば、選挙によって運営のトップを決定することが、全国大小すべてのスポーツクラブに共通するルールなのです。

バイエルン・ミュンヘン・スポーツクラブはサッカーだけではなく、バスケットボール、ハンドボール、ボウリング、チェスなど7つの部門をもち、それぞれの部門で数百人規模の市民がスポーツを楽しんでいます。そこで活動している会員の多数決によって、プロのクラブの運営方針が決定される仕組みは、「能動的参加方式」と呼ばれます。この方式によって、市民1人1人がプロのクラブを「自分たちのクラブ」と考えているからこそ、ブンデスリーガでは現在のような驚異的な観客数が実現したのです。

民主主義を学ぶ場としての地域スポーツクラブ

このようなドイツ人の能動的参加は、何もクラブ運営だけに限ったことではありません。例えばブンデスリーガでは、どこのスタジアムでも、クラブ関係者が施設を案内してくれる「スタジアム・ツアー」と呼ばれるサービスがあります。

日本の場合と驚くほど違うのは、受動的な客であるはずの参加者たちが、たくさん発言をすることです。どのツアーでも、小学生くらいの子どもたちが何度も手を挙げて積極的に発言します。周りの大人たちは誰一人、苦言を呈しません。こんなところにも、ドイツ人が好む能動的参加を見ることができるのです。子どもたちの積極的な発言は、幼いときからの教育があって初めて実現されるものですが、ドイツでは地域のスポーツクラブも、子どもたちを「能動的な主体者」に育てる重要な教育の場なのです。

私は2018年の夏休みに、ケルン近郊にあるモイツフェルドという人口6000人ほど

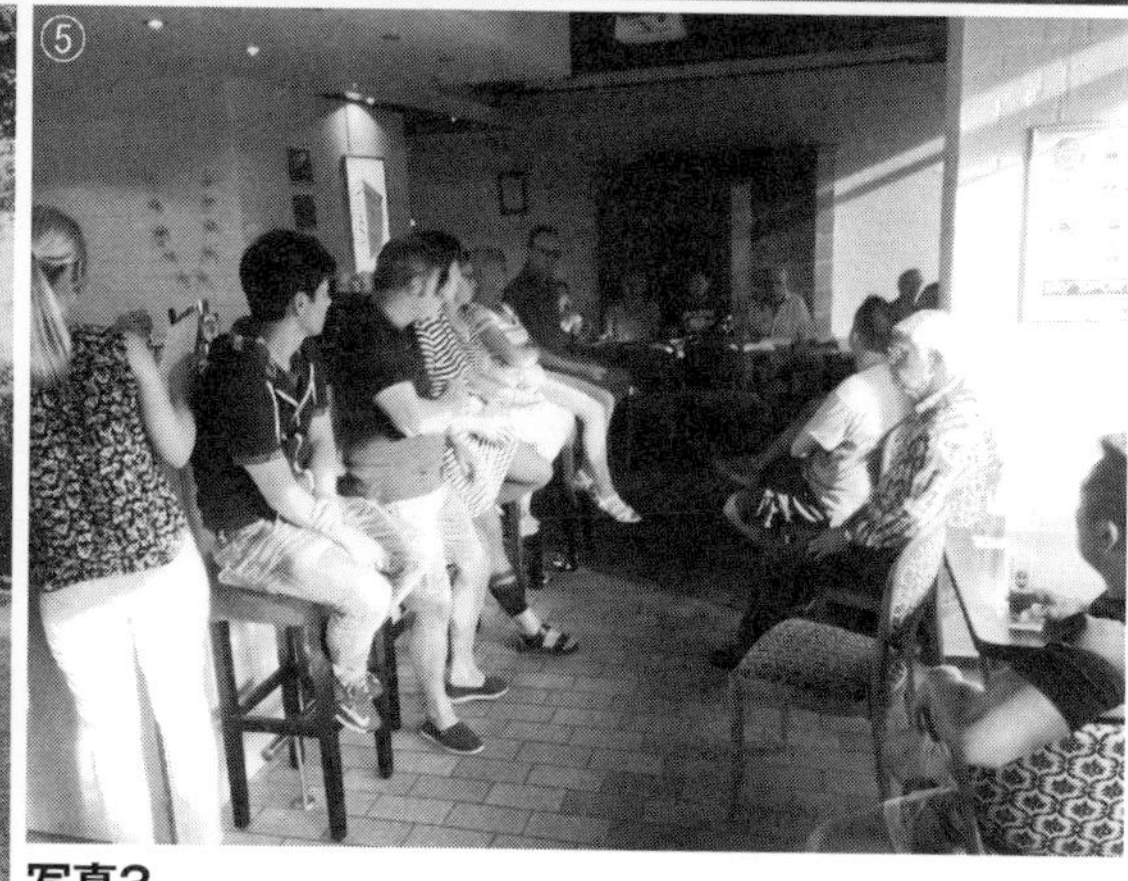

写真3

①②小規模スポーツクラブでの社交③The Tennis party by Charles March Gere, 1900. ④ドイツ・ミュンスターのテニス，1903. ⑤小規模スポーツクラブのテニス部門の会員総会

の小さな村のスポーツクラブの活動に参加しました。

毎晩8時くらいまで、数人の大人と子どもたちがテニスやサッカーを楽しんでいました。何人かのお父さんが子どもたちにスポーツを教えている、といった光景です。スポーツが終わった後はクラブハウスのテラスで、みんなで飲食を楽しむのも、いつものことです。スポーツをしていなかった仲間たちも集まって、とにかくみんなでおしゃべりを楽しむのです（写真3①②）。このような活動は、ドイツ語で「社交（Geselligkeit）」と呼ばれ、どこのスポーツクラブでも重視されています。

そもそもスポーツは、イギリスの産業革命と市民革命の後の近代社会に誕生した文化です。ですから、テニスやサッカーなどのスポーツにおいては、「平等」や「競争」といった近代的な価値が重視されているのです。しかし実は、スポーツが近代社会で生み出されたのには、もう1つ重要な意味がありました。それが「社交」です。初めて平等な社会のなかで生活を共にすることになった貴族階級と市民階級の人々には、お互いに交流し、理解を深め合う場が必要でした。その場を提供したのがスポーツだったのです。

体操の国であったドイツにスポーツが定着した背景にも、この社交が大きな役割を果たしたといわれています。

写真3③は1900年頃のイギリスのテニスコートです。また写真3④は、ドイツにテニスが定着し始めたときのものです。どちらも社交としてテニスが楽しまれていることがわかります。現代でも「スポーツクラブの活動の中心は社交である」に、3分の2以上のドイツ人が同意したという調査結果があるほどです。

しかも重要なのは、ドイツ人にとってこの「社交」という言葉には、近代的な「平等」の観念が含まれていることです。例えば、社交の場に現実社会の地位や名誉をもち込むことは、マナー違反と考えられています。子どもと大人、会員と会長の違いに関係なく、おしゃべりは平等、対等の立場で交わされるのです。この平等なおしゃべりのなかで、子どもたちは議論の基本を学んでいきます。

ドイツのスポーツクラブが民主主義を学ぶ場といわれる理由は、こうした社交的な活動にのみ由来するものではありません。冒頭で紹介したように、選挙や多数決によって運営方針が決定される仕組みが、小さなクラブにまで徹底されていることも大きな要因なのです。

モイツフェルドのスポーツクラブでは、テニス部門の会員総会に参加させてもらいました（写真3⑤）。20人ほどの小さな集まりでしたが、上位リーグへの昇格を目指してチームを強化するか否かが激しく議論されました。「隣町のクラブが昇格できたのだから、モイツフエルドもできないわけがない」「お金を使って選手を連れてきている隣町のクラブの運営は、うまくいっていない」といった議論が交わされ、最終的には全員の多数決で強化しないことに決まりました。

総会の終了後には、異なる意見をもっていた人たちも、コートでプレーしていた子どもたちを交えて、飲食とおしゃべりを楽しんでいました。議論の決着の後には、意見の違いに関係なく、再び社交の場を共にするという関係です。このような光景を間近に見ることで、子どもたちも民主主義の意味を肌で感じ取っていくのでしょう。

地域とは何か

このような社交や選挙の仕組みは、スポーツクラブが地域を形成していく重要な要素にもなっています。日本では、このような関係があまり理解されていないのではないでしょうか。例えば最近では、日本でもプロクラブや大学で地域貢献や社会連携が重視されるようになっていますが、それらの取り組みは「地域の人に喜んでもらえてうれしい」「クラブや大学の評判がよくなった」といったレベルにとどまっているように思います。

ドイツで「地域」という場合、そこには具体的な人々の交流があり、意見を戦わせ、多数決で地域の在り方を決める、すなわち民主的な自治が存在していて、スポーツクラブがそのような活動の重要な核になっているのです。日本で「地域」という言葉が使われる場合、民主的な自治の有無は軽視されがちです。

もちろん、現在の日本で直接的にドイツのスポーツクラブのような運営を目指しても、うまくいかないでしょう。例えば、日本の小さなスポーツクラブでドイツのような会長選挙を実施したとして、選挙に負けた会員が以前と同じようにクラブの運営に協力していくのは、容易ではありません。これは「主体」という個人の捉え方や考え方の違いに、1つの原因があります。

「主体」は英語で「subject（サブジェクト）」、ドイツ語では「Subjekt（ズプイェクト）」といいますが、それらの言葉はもともとは「服従」を示す概念です。不思議に思われるかもしれませんが、「主体」とはキリスト教文化を背景にもつ思想で、「神に従え（Be subject to God）」という意味なのです。つまり、校長に何を言われようが、大統領に何を言われようが、「神に恥じない行いをすること」、それがドイツ人をはじめとする西洋人の主体的行為の意味なのです。

ですから、自分が神に恥じない主張をもっていると思えば、たとえ会長選挙に立候補して敗れても、何ら恥じるところはないのです。しかもこのような観念は、同じキリスト教圏で育った地域の人々にも共有されています。一方で日本の地域には、そのような観念の共有はありません。

もう1つの大きな違いとして、物理的な問題も考慮しなければなりません。ドイツではどこの地域にも、スポーツクラブを運営できるような場所と施設があり、市町村の手厚い支援も受けています。現在の日本でこれらを期待するのは難しいでしょう。例えば、グラウンドをなんとか抽選で借りることができた場合でも、会員が集って議論をしたり選挙をしたり、社交を楽しんだりできるクラブハウスのような施設を借りることは困難です。これらの違いを無視してドイツをまねようとすることも、現実的ではないように思います。

おわりに~今、日本の運動部活動に期待すること~

このような日独の違いを考えるならば、日本の体育界やスポーツ組織を民主化し得る具体策として、私は、少し前に教育学者の佐藤学氏が提言していたような「学びの共同体」に大きな期待を抱きます。開かれた学校を核としながら地域をつくっていくことが、日本の民主主義にとっても、スポーツにとっても、非常に重要であるように思うからです。スポーツ文化の発展一つにしても、民主的な自治を十分に意識した地域が形成されて、そこにスポーツが根づく必要があることは、ドイツの例からも明らかです。

日本の地域には、ドイツのようなクラブハウスはありません。しかし、充実した学校施設が、どこの地域にもあります。運動部活動を地域の人々に開けば、顧問の負担の一部を減らすことができるでしょう。子どもたちの指導や試合の引率を地域の方々にお手伝いしていただけるかもしれません。その延長で、運動部活動の運営についても少しずつ、保護者をはじめとする地域の人々に民主的な議論をお願いしてみることは十分に可能でしょう。民主的な議論に、子どもたちを参加させる可能性も開かれています。

しかし、どうしても日本の場合、地域の人々にドイツのような主体性や民主性を直接的に求めるのは無理があります。地域的なレベルで自治的な運営に関わるといった経験に乏しい日本の場合、自己利益を優先させるような意見が主張されることも少なくありません。そこに、専門職としての教員の役割があるように思います。各自の利益を調整し、何が公益のためになるのかを考えてもらえるように議論を修正し、コーディネートする役割です。

運動部活動を考えるとき、必ずといっていいほど教員の負担増が問題にされます。これまで、あまりにも大きな負担になっていた指導や引率の丸抱えを是正しながら、これまでとは違う開かれた運動部活動、佐藤氏の言葉でいえば、子どもと子ども、子どもと教員、子どもと保護者、子どもと地域の人々、さらには教員と保護者と地域の人々の「学びの共同体」づくり、それに取り組んでみてはいかがでしょうか。そうすれば、運動部活動を軸にしながら、日本の地域とスポーツをよい方向に、すなわち「民主的な自治の場」に変えていくことができるように思うのです。

【引用・参考文献】

1）坂本健二「ドイツに学ぶ『総合型地域スポーツクラブ』の運営」『事業構想』2016年1月号／57～59ページ
2）佐藤由夫「ドイツにおけるスポーツクラブ支援事業」日本スポーツクラブ協会編著『スポーツクラブ白書2000』／厚有出版／2001／169～172ページ
3）佐藤学『教育改革をデザインする』岩波書店／1999

［授業のまとめ］

日本の体育界やスポーツ組織を民主化するには

○開かれた学校を核としながら地域をつくっていく

⬇スポーツ文化の発展には、民主的な自治を十分に意識した地域が形成され、そこにスポーツが根づく必要がある

⬇どこにでもある充実した学校施設を活用し、運動部活動を地域の人々に開けば、顧問の負担の一部を減らすことができる可能性がある（部活動運営についても民主的な議論をお願いしてみる）

⬇教員が各自の利益を調整し、何が公益のためになるのかを考えてもらえるように議論を修正し、コーディネートする役割を担う

神谷 拓
関西大学人間健康学部 教授

▼24時限目（最終授業）
スポーツ教育学

「子どもの自治」が切り拓く世界

この授業に込められた2つの問題意識

前代未聞の運動部活動の授業も、いよいよ最終回になりました。最後は、この授業を企画した私が締めくくりたいと思います。まず、1時限目でお話しした、この授業の目的について、改めて確認しておきましょう。

1つ目は「運動部活動は何のためにあるのか」について、必ずしも十分なコンセンサスが得られていない現状を踏まえて、「運動部活動は子どもが主人公の自治集団活動である」という「共通の土俵」に上がって議論をすることでした。そして2つ目は、運動部活動に関する議論が、体育・スポーツに関わる人たちだけの「閉じた議論」になりがちだったという反省から、体育・スポーツ関係者による議論と、その外にいる人たちの議論とを融合させていくことでした。

以下では、この2つの目的に基づいて開講された、これまでの授業の内容を振り返りながら、今後の展望を切り拓いていきましょう（以下、本文中の数字は授業の時限を示しています）。

子どもの今と未来のために

これまで、さまざまな専門領域の方に授業をしてもらいましたが、運動部活動で「子どもが主人公の自治」を追求する理由が話題になりました。

私は、学校卒業後にクラブを立ち上げて運営する力をつける上で、「子どもが主人公の自治」の経験が大切だと述べました⑴。この問題意識は前回の授業においても引き継がれ、スポーツクラブの継承・発展の基盤にはクラブの自治や社交があることが、ドイツの事例を通して指摘されました㉓。

そのほか、部活動の自治集団活動の経験が、アスリートとして自立するために必要であると述べられました⑻。社会教育の立場からは、「子どもたちが地域社会においてよりよい『自治』が行えるように、発達段階に即して実践学習を行う」点に、運動部活動の教育的意義があると語られました⑷。

あるいは、現状のブラック企業・バイトが成立する背景には、理不尽なルールに適応し続ける「ブラック部活」があると指摘され、理不尽な労働環境を変えていくためにも、運動部活動で「子どもが主人公の自治」を追求していくことが大切であるというお話もありました⑦。また、教育福祉学の立場からは、「社会ではさまざまな『対立・揉め事』(コンフリクト)が存在しており、学校教育は、こうした問題を解決するスキルを有する市民の育成が使命とされている」という観点から、「対立・揉め事」を解決する自治の経験が求められていました⑫。

このように、子どもの未来に向けた自治の重要性が指摘される一方で、今、子どもが生活している学校にも「子どもが主人公の自治」が必要とされていました。

教育哲学の立場からは、そもそも学校教育は、すべての子どもが「自由」に、「生きたいように生きられる」ようになる力を育む場であるとともに、その「自由」をお互いに「相互承認」していく感度を育む場であると指摘されました。そして、そのような「自由」や「相互承認」の土台には「自己承認」が必要であり、「1人1人の子どもたちが、信頼する大人や仲間たちから承認され、信頼される経験をたっぷりもてることが決定的に重要」であると述べられました⑨。また、課外の部活動の経験が、学校の教育活動全体における子どもの学習意欲や、協力的な人間関係の形成に生かされる場合があること、すなわち、部活動が学校生活における子どもの主体性の形成に寄与する場合があるとの指摘もありました⑳。

このような授業の内容を振り返ると、子どもの今と未来のために、運動部活動の場で「子どもが主人公の自治」を追求していく必要があるといえるでしょう。

「子どもが主人公になれない」理由

では、「子どもが主人公の自治」が実現できない背景には、何があるのでしょうか。スポーツ史の立場からは、「日本の運動部は、選手間の平等性に基づいた自治から、上下関係と体罰を基盤とした自治へと変容していきました。その背景には、スポーツによる進学・就職を可能とする社会構造が成立するなかで、大会や試合での勝利だけを追求するような活動が行われるようになったことがあります」と指摘されています⑤。

このようにして歴史的に継承されてきた上下関係が、現状の運動部活動において問題を引き起こしています。例えば、「指導死」の問題があります。運動部活動の指導者の対応のなかには、子ども側の「最後の訴え」に耳を傾けることなく、さらに「厳しい指導」を強いて、亡くなる方向に追い込んでしまうケースがあるのです⑭。

そのほかには、スクール・セクハラの問題もあります。教員は教える立場、指導する立場、評価する立場、そして選ぶという立場であり、この権力を巧みに使って、子どもの性を蹂躙することがあります⑯。

さらに、このような体罰、暴力、暴言、ハラスメントといった行為は、子どもの脳を傷つけることになります。脳科学の立場からは、暴力を受けた本人が暴力だと認識していなくても、脳は悪影響を受けることが指摘されていました。そして、それらの行為は受けたときのみならず、子どもの未来にまでマイナスの影響を及ぼすと警鐘を鳴らしています⑰。

トラブル・対立は自治のチャンス！

次に、どうしたら「子どもが主人公の自治」を実現していけるのかを考えましょう。これまでの授業では、子どもを課題解決の主体として位置づけ、その権利を奪わないようにすることが指摘されてきました④⑥⑲。

例えば教育評価の授業では、「対立は、部員が自分たちで願いを明確にして動きだしていること、つまり自治が進んできたことの証左でもあります」と解説されていました㉒。同様に、教育福祉学の授業でも「学校で生じる種々の『対立・揉め事』を解決していく過程こそ、子どもの自治を育んでいくチャンス」と述べられました⑫。あるいは、子どもの権利

（意見表明権）の観点からは「試行錯誤や失敗を含む形で運動部活動が運営されること」が適切であり、「これこそが『子どもたちの自治的な諸活動だ』ということになるわけです」と指摘されました⑭。

また、倫理学の立場からは、不公平があると感じたときには文句を言ってもよく、これが「権利がある」ということだと解説されました。そして、そのような方針を具体化するものとして、アメリカで作成された、子どもが文句を言ってもよいことのリストである「若いアスリートのための権利の章典」が紹介されました。一方で大人が、このリストに基づく文句を「なるほど」と受け止め、「どういうところが楽しくないのか」「もっと楽しくするには、どうしたらいいのか」を問いかけていくことによって、自治が芽生えていくのではないかという展望も示されました⑮。

あるいは、スポーツ心理学の立場からは、「やる気」を引き出す方法、落ち着く方法、集中する方法、プラス思考になる方法が解説され、子どもたち自身で運営する活動にしていくことが提案されました㉑。

これらの指摘を踏まえれば、「みんなが主人公の自治」においてトラブル・対立は宝であり、大切なのは子どもの話を聞き、自分たちで解決できるように励ましていくことだといえるでしょう。すなわち、常に「大人の目」で適切なケア・サポートを行っていくこと⑭、また指導者は、活動が充実していく過程で対立は必ずあるものだと積極的に位置づけて、部員を励まし、相談に乗ること㉒が大切なのです。

自治を励ます多様な方法

では、「子どもが主人公の自治」を励ますには、どのような方法があるのでしょうか。この点に関しては、まず、指導や関わり方に見通しをもつことが指摘されました。

経営学の立場からは、そもそも組織の目指す方向性と個人の期待する方向性とが一致しているとは限らないため、その乖離に目を向ける必要があると指摘されました。そして、⑴個々のメンバーが、自分の重要な能力を多く活用する機会を与える、⑵すべてのメンバーが組織の方針決定などを議論するのを容認・推奨する、⑶自治と協働が促進される土台づくり（組織文化をつくること）が大切である、と述べられました②。

教育評価論の立場からは、目標から評価までの見通しをもった指導の重要性が指摘され、なかでも評価に関しては、目標準拠評価とゴールフリー評価の2つを設ける必要があると解説されました(㉒)。また、より具体的な指針を示す授業もありました。「運動部活動の教育学」の立場からは、学校卒業後のスポーツライフで求められる課題がリスト化され、外部指導者・部活動指導員、顧問、子どもの、誰が、何を解決するのか、あるいは何を一緒に解決していくのかを話し合うことが提案されました(⑥)。

このほかにも、学校の教育課程と関連づけた指導・サポートが指摘されました。例えば、体育の授業や体育行事と運動部活動とを関連づけた指導(⑩)や、保健の学習内容や学習方法と関連づけた指導(⑪)、ホームルームなどの特別活動・教科外活動にまで視野を広げた指導(⑫⑳)、さらには学校全体の安全管理・教育と関連づけた指導(⑱)が提案されました。

また、少し視野を広げ、地域(住民)との関連で自治を育む方法も提案されました。その意図に関しては、地域スポーツ論の立場から「『自治』を経験した子どもたちが生きていくのは、まさにその変化の渦中にある地域社会」であり、それゆえ「部員が多様な人々と関わりながら、それぞれの学校・地域で生じる固有の課題を解決していくのです」と端的に説明されました(③)。実際に、生徒と地域住民とが部活動の在り方を議論し、近隣住民トラブルを解決に導いていている事例もあり、そのようにして学校の抱える地域課題と調和できてこそ、子どもが主人公となり得るとも解説されました(⑲)。

一方で、地域住民が学校の運動部活動に関わる際においても、子どもの学習や自治を重視すべきだという指摘もありました。例えば、スポーツ事故の予防に専門のスタッフが関わるのはよいことですが、生徒に痛みの原因について考えさせ、どうすれば痛みが和らぐのか、再び痛くならないようにどうすべきかなど、学びを深める場にしていく必要性が指摘されました⑱。

最後になりますが、海外の事例を通して、子どもの自治を育む提案もありました。具体的には、「学校スポーツからクラブスポーツ（＝地域スポーツ）への移行を支援し、生涯にわたるスポーツへの参加を促す」ことを目的の1つにした政策である、スコットランドのアクティブ・スクールの事例が取り上げられました。そこでは、子どもがサービスの受け手として位置づけられているだけでなく、子ども自身が主体的に競技大会の企画や運営を行い、プログラムの手伝いをしていることが紹介されました⑬。

さらには、ドイツのスポーツクラブが、選挙によって運営のトップを決めたり、会員の多数決によってプロクラブの運営方針を決定したりしており、まさに子どもが民主主義を学ぶ場として位置づけられていること、そして、そのような活動が地域の形成とも関わっていることが紹介されました㉓。これまで、子どもの自治という観点から、諸外国のクラブ運営を分析、考察する研究は少なく、この授業で紹介された事例は、とても興味深い内容でした。

翼を広げて飛び立とう!

さて、この授業も終わりの時が近づいてきました。授業を企画した私は、常に教室の最前列で、各専門領域の先生の話を聞いてきましたが、回を重ねるごとに部活動研究の視野・視界がサーッと広がる感覚になりました。これまでよりも翼が大きくなって、よりダイナミックに、しなやかに飛び回ることができるようになり、新しい景色が見える気がしています。同時に、「子どもが主人公の自治」という行き先がはっきりしていれば、雨や嵐にも耐えられるのではないかと、自信をもてるようになりました。授業を受けた皆さんは、いかがでしょうか。

今後、この授業で学んだことが皆さんの指導に生かされれば、うれしい限りです。

著者一覧

監修及び1・6・24時限目

神谷 拓
かみや・たく
関西大学
人間健康学部 教授

1975年、埼玉県生まれ。中京大学体育学部武道学科卒業。和歌山大学教育学研究科教科教育専攻修了。筑波大学人間総合科学研究科学校教育学専攻修了。岐阜経済大学経営学部専任講師、同准教授、宮城教育大学教育学部准教授を経て、2019年4月から現職。日本部活動学会会長、日本体育科教育学会理事(2002年5月現在)。著書に『運動部活動の教育学入門』(大修館書店)、『生徒が自分たちで強くなる部活動指導』(明治図書)がある。

2時限目

大野 貴司
おおの・たかし
帝京大学
経済学部 准教授

1977年、埼玉県生まれ。明治大学経営学部卒業。同大学大学院経営学研究科博士前期課程修了。横浜国立大学大学院国際社会科学研究科博士後期課程単位取得満期退学。岐阜経済大学、東洋学園大学を経て、2019年4月から現職。専門は経営学(経営戦略論・経営組織論)とスポーツマネジメント。著書に『人間性重視の経営戦略論』(ふくろう出版)、『プロスポーツクラブ経営戦略論』(三恵社) がある。

3時限目

伊藤 恵造
いとう・けいぞう
秋田大学
教育文化学部 准教授

1975年、静岡県生まれ。日本体育大学大学院体育科学研究科博士前期課程修了。筑波大学大学院人間総合科学研究科博士課程単位取得退学。専門はスポーツ社会学、地域スポーツ論。著書に『白いスタジアムと「生活の論理」—スポーツ化する社会への警鐘』(共著・東北大学出版会)、論文に「コミュニティ・スポーツ論の再構成」(共著『体育学研究』日本体育学会)などがある。

4時限目

久保田 治助
くぼた・はるすけ
鹿児島大学
教育学部 准教授

1974年、愛知県生まれ。早稲田大学教育学部卒業。同大学大学院教育学研究科学校教育専攻修士課程修了。同大学大学院教育学研究科博士過程を経て、名古屋大学大学院教育発達科学研究科教育学科専攻博士後期課程修了。博士(教育学)。岡崎女子短期大学専任講師、鹿児島大学教育学部専任講師を経て、2011年4月から現職。専門は社会教育学。著書に『新版 現代の社会教育と生涯学習』(九州大学出版)、『日本における高齢者教育の構造と変遷』(風間書房)などがある。

5時限目

中村 哲也
なかむら・てつや

高知大学
地域協働学部 准教授

1978年、大阪府生まれ。京都府立大学文学部卒業。同大学大学院文学研究科修士課程修了。一橋大学大学院社会学研究科修士課程修了。同大学大学院社会学研究科博士後期課程修了。博士(社会学)。早稲田大学スポーツ科学学術院助手を経て、2015年4月から現職。専門はスポーツ史・スポーツ社会学。著書に『学生野球憲章とは何か 自治から見る日本野球史』(青弓社)などがある。

7時限目

大内 裕和
おおうち・ひろかず

中京大学
教養教育研究院
教授

1967年、神奈川県生まれ。東京大学大学院教育学研究科博士課程を経て、2020年4月から現職。専門は教育学・教育社会学。主な著書に『ブラックバイトに騙されるな!』(集英社クリエイティブ)、『奨学金が日本を滅ぼす』(朝日新聞出版)、『教育・権力・社会』(青土社)がある。

8時限目

久我 アレキサンデル
くが・あれきさんでる

名古屋経済大学
准教授

1989年、南米・ペルー生まれ。岐阜経済大学(現・岐阜協立大学)経営学部スポーツ経営学科卒業。愛知県立大学大学院人間発達学研究科博士前期課程修了。同大学大学院人間発達学研究科博士後期課程単位取得満期退学。愛知県立大学客員共同研究員、同非常勤講師、岐阜協立大学非常勤講師を経て、2020年4月から現職。専門は体育科教育学(体育カリキュラム論)。研究活動と並行して、岐阜協立大学陸上競技部の中・長距離種目コーチを務める。

9時限目

苫野 一徳
とまの・いっとく

熊本大学
教育学部 准教授

1980年生まれ。哲学者・教育学者。早稲田大学大学院教育学研究科博士課程修了。博士(教育学)。著書に『どのような教育が「よい」教育か』(講談社選書メチエ)、『勉強するのは何のため?』(日本評論社)、『教育の力』(講談社現代新書)、『「自由」はいかに可能か』(NHKブックス)、『子どもの頃から哲学者』(大和書房)、『はじめての哲学的思考』(ちくまプリマー新書)、『「学校」をつくり直す』(河出新書)などがある。

10時限目

玉腰 和典
たまこし・かずのり

明治学院大学
心理学部 助教

1988年、愛知県生まれ。人間発達学博士(愛知県立大学)。日本学術振興会特別研究員(DC2)。愛知県立大学及び日本福祉大学非常勤講師、福山平成大学福祉健康学部講師を経て、2018年4月から現職。専門は体育科教育学。共著書に『対話でつくる教科外の体育』(学事出版)、『スポーツの主人公を育てる体育・保健の授業づくり』(創文企画)、『改訂版 初等体育科教育の研究』(学術図書出版)などがある。

11時限目

久保 元芳
くぼ・もとよし

宇都宮大学
教育学部 准教授

1977年、福井県生まれ。筑波大学体育専門学群卒業。同大学大学院修士課程体育研究科健康教育学専攻修了。同大学大学院博士課程人間総合科学研究科学校教育学専攻単位取得退学。宇都宮大学専任講師を経て、2016年10月から現職。専門は健康教育学、学校保健学。2009年度日本学校保健学会奨励賞受賞。

12時限目

竹原 幸太
たけはら・こうた
東京都立大学
人文社会学部 准教授

1980年、宮城県生まれ。早稲田大学第一文学部卒業。同大学大学院文学研究科教育学専攻修士課程修了。同博士課程単位取得退学。博士(文学)。東北公益文科大学公益学部助教、専任講師、准教授、教授を経て、2020年4月から現職。著書に『失敗してもいいんだよ』(本の泉社)、『教育と修復的正義』(成文堂) などがある。

13時限目

安倍 大輔
あべ・だいすけ
白梅学園大学
子ども学部 准教授

1976年、北海道生まれ。埼玉大学教養学部卒業。一橋大学大学院社会学研究科博士後期課程単位取得満期退学。専門はスポーツ社会学。幼稚園教諭・保育士・小学校教諭の養成に携わるとともに、スポーツ少年団を中心とする子どもの地域スポーツについて研究している。

14時限目

住友 剛
すみとも・つよし
京都精華大学
人文学部 教授

関西大学大学院文学研究科博士後期課程単位修得退学。専攻は教育学。1999年4月から2001年8月まで、兵庫県川西市の子どもの人権オンブズパーソンで調査相談専門員として勤務。その後、京都精華大学へ。2014～2015年度には文部科学省「学校事故対応に関する調査研究」有識者会議委員を務める。著書に『新しい学校事故・事件学』(子どもの風出版会)、『「指導死」』(大貫隆志・武田さち子との共著、高文研) などがある。

15時限目

田村 公江
たむら・きみえ
龍谷大学
社会学部 教授

1957年、愛知県生まれ。京都大学文学部卒業。同大学大学院文学研究科哲学(倫理学) 専攻博士後期課程単位取得満期退学。龍谷大学社会学部助教授を経て、2005年4月から現職。著書に『性の倫理学』(丸善出版)、論文に「精神分析の現代文明論」(共著『精神分析学を学ぶ人のために』(世界思想社)、「体罰はなぜ許されないか―学校教育法第11 条を子どもの権利から考える」(龍谷大学社会学部紀要) がある。

16時限目

亀井 明子
かめい・あきこ
NPO 法人 SSHP
全国ネットワーク
代表理事

1947 年、大阪府生まれ。武庫川女子大学文学部教育学科体育専攻卒業。1970 年から大阪市立中学校で保健体育の教員を30年間務める。校内で発生したセクシュアル・ハラスメント事件を内部告発するも、パワーハラスメントによって被害者サポートが不可能な状態に追い込まれたため、2000年に退職。スクール・セクハラの被害に苦しむ当事者の電話相談及びサポートに、学校の外から取り組んでいる。著書に『知っていますか? スクール・セクシュアル・ハラスメント一問一答』(解放出版社) がある。

17時限目

友田 明美
ともだ・あけみ
福井大学子どものこころの発達研究センター発達支援研究部門 教授・副センター長、福井大学医学部附属病院 子どものこころ診療部長

1960年、熊本県生まれ。熊本大学医学部卒業。熊本大学大学院小児発達学助教、ハーバード大学医学部精神科学教室客員助教授、熊本大学大学院小児発達学准教授を経て、2011年6月から現職。2017年から、日米科学技術協力事業「脳研究」分野グループ共同研究日本側代表。専門は小児発達学と小児精神神経学。著書に『新版 いやされない傷』(診断と治療社)、『子どもの脳を傷つける親たち』(NHK出版)、『虐待が脳を変える―脳科学者からのメッセージ』(新曜社) がある。

20時限目

中山 弘之
なかやま・ひろゆき
愛知教育大学
准教授

1974年、兵庫県生まれ。名古屋大学教育学部卒業。同大学大学院教育発達科学研究科博士後期課程単位等認定満期退学。2014年4月から現職。専門は教育学、特に社会教育。著書に、『現代日本社会教育史論』(共著　日本図書センター)、『未来を創る教育制度論』(共編著、北樹出版)などがある。

19時限目

小野田 正利
おのだ・まさとし
大阪大学
名誉教授

1955年、愛知県生まれ。名古屋大学法学部卒業、同大学大学院教育学研究科修了。教育学博士。長崎大学助教授、大阪大学教授を経て、2020年4月から現職。専門は教育制度学。著書に『悲鳴をあげる学校—親の“イチャモン”から“結びあい”へ』(旬報社)などがある。15年以上にわたって、科学研究費による学校保護者関係研究会(通称:イチャモン研究会)を主宰。

18時限目

中村 浩也
なかむら・ひろや
桃山学院教育大学
教育学部 教授

1971年、兵庫県生まれ。大阪教育大学教育学部卒業、同大学大学院教育学研究科修了。東京学芸大学大学院連合学校教育学研究科単位取得満期退学。博士(教育学)。日本スポーツ協会公認アスレティックトレーナー。浜松大学健康プロデュース学部准教授、プール学院大学教育学部教授を経て、2018年4月から現職。専門はアスレティックトレーニング、スポーツ医学、教育学。著書に『やさしいスポーツ医科学の基礎知識』(嵯峨野書院)、『テーピング』(嵯峨野書院)、『日本体育協会公認アスレティックトレーナー専門テキスト』(文光堂)などがある。堺市南区教育・健全育成会議会長、大阪府立高等学校学校運営協議会委員を務めるほか、SPORTS FOR TOMORROWに関わる国際貢献活動なども行っている。

23時限目

釜崎 太
かまさき・ふとし
明治大学
法学部 教授

1970年、福岡県生まれ。筑波大学大学院体育科学研究科博士後期課程満期退学。広島大学大学院教育学研究科博士課程修了。博士(教育学)。弘前大学講師、明治大学法学部准教授(教養デザイン研究科博士課程・思想コース担当)を経て現職。著書に『教育における身体知研究序説』(共著、創文企画)など、論文に「ブンデスリーガの基本構造とRBライプチヒ:フェラインという伝統の機能」「人間の教師には何ができるか:ドレイファスの人工知能批判と身体教育」などがある。

22時限目

川地 亜弥子
かわじ・あやこ
神戸大学大学院
人間発達環境学研究科
准教授

1974年、福井県生まれ。京都大学教育学部卒業。同大学大学院教育学研究科博士後期課程修了。博士(教育学)。聖母女学院短期大学、大阪電気通信大学を経て、2012年4月から現職。専門は教育方法学、生活綴方・作文教育、教育目標・評価論。主な著書に『戦後日本教育方法論史』(共著、ミネルヴァ書房)、『グローバル化時代の教育評価改革』(共著、日本標準)がある。

21時限目

高妻 容一
こうづま・よういち
東海大学
体育学部 教授

1955年、宮崎県生まれ。福岡大学体育学部卒業。中京大学大学院修士課程体育学研究科修了。米国・フロリダ州立大学博士課程運動学習・スポーツ心理学専攻。近畿大学教養部を経て、2000年から東海大学体育学部に勤務。主な研究分野はスポーツ心理学、応用スポーツ心理学、競技力向上のメンタルトレーニング。一般からトップアスリートまで、心理的サポートやメンタルトレーニング指導を幅広く行う。『新版 今すぐ使えるメンタルトレーニング 選手用』、『新版 今すぐ使えるメンタルトレーニング コーチ用』(ともにベースボール・マガジン社)、『結果を出す人のこころの習慣』(サンマーク出版)など、多数の著書がある。

部活動学

子どもが主体のよりよいクラブをつくる24の視点

2020年6月30日　第1版第1刷発行

監　修　神谷 拓
発行人　池田哲雄
発行所　株式会社ベースボール・マガジン社
〒103-8482
東京都中央区日本橋浜町 2-61-9 TIE浜町ビル
電話 03-5643-3930（販売部）
03-5643-3885（出版部）
振替口座　00180-6-46620
http://www.bbm-japan.com/

印刷・製本　共同印刷株式会社

Printed in Japan
ISBN978-4-583-11303-6　C0075

※本書は『コーチング・クリニック』の 2017 年 4 月号～ 2019 年 3 月号に掲載された連載をもとに加筆修正し、項目を追加して単行本化したものです。